アダルト・チルドレン

生きづらさを抱えたあなたへ

秋月菜央

二見レインボー文庫

はじめに

子供のころ、心が傷ついた経験がない人はいない。人と人とが接すれば、意図しなくても、傷つけたり、傷つけられてしまうことがある。それは、学びや成長の糧《かて》になることもある。

けれども、傷を受けるというその経験が、日常的に繰り返されたらどうなるだろう。あるいは、癒《いや》されようのない深い傷であったらどうなるのだろう。

赤の他人からでも、心を傷つけられるのは大きな痛手になる。しかし、他人であったら相手を憎むこともできる。自分が傷ついたことを隠す必要もない。が、もし、その相手が自分の親であったとしたら、憎むことも嫌うこともできない。

子供は、親の愛や保護がなくては生きてゆけないからだ。そのとき、心の傷は隠され、胸の奥にしまわれてしまう。

まるで傷など受けなかったかのように、多くの子供は親の望みに合わせて成長してゆく。いうことを聞く〝いい子〟、勉強のできる〝いい子〟、わがままをいわない〝いい子〟、面倒見のいい〝いい子〟。そうして、そのまま大人になってゆくのだ。

傷は、どこへいったのだろうか。

ほとんどの人は、傷を負ったことなど胸の底に沈めて、ちゃんとした大人として生きようとする。心の傷のことなど、本当に忘れてしまうことも珍しくない。そうして、明るく振る舞い、しっかり者として頼られ、〝いい人〟として生きているかもしれない。そして、ときどき感じる不安や憂鬱を、理由もわからずにもてあましているかもしれない。

人によっては、強い不安感や失望感、自己嫌悪や他人への恐怖をはっきりと感じているかもしれない。対人関係や仕事がうまくいかず、どうやって生きていったらいいかわからないという人もいる。自分にはなんの価値もない、と思っている人もいるかもしれない。心の傷は、どんなに蓋《ふた》をしても、消えてなくなるわけではない。私たちの考え方や行動に、いろいろな影響を与えつづける。

そうした人々は、〝生きづらさ〟を口にする。子供のころ、親や家庭環境から負った心の傷、それを胸に抱えて生きる人々。それがアダルト・チルドレンだ。

アダルト・チルドレンの生きづらさは、人によって違う。なんとなく生きている実感がしない、自分がない、という人たち。アルコールや薬物、買い物や仕事に依存する人たち。過食や拒食を繰り返す人たち。不眠や不安症に苦しむ人、自殺を企図する人もいる。心の傷も人それぞれであるように、現われる問題もそれぞれに違う。


私自身、十代から二十代にかけて、さまざまな問題に直面した。依存症、過食、神経症、逸脱行動など、つぎからつぎへと苦難はつづいた。私はアダルト・チルドレンのひとりだったのだ。そして、長い自分自身との戦いの末、やっとそれを乗り越えた経験をもつ。

苦闘のころの人生には、喜怒哀楽という生きた感情がなく、ただ、喘《あえ》ぐばかりの日々だった。が、乗り越えたあとには、喜びや楽しさが湧きあがってくるようになった。本書には、私自身の癒しと再生の物語も含まれる。

「アダルト・チルドレン」という言葉は、自分の苦しみがなんであったのかを教えてくれる。心の救いになり、自分の居場所にもなるのだ。

それは同時に、自分の問題に気づくチャンスにもなる。自分がなぜ、生きることに不器用であったのか、なぜ、希望をもつのが下手なのか、どうして人生を楽しいと感じられないのか、その原因を明かしてくれるのだ。

原因を見つめることは、そこから解放されることにもつながってゆく。「気づき」は、再生への第一歩でもあるのだ。

自分の心を癒すことは、新たな自分の構築にもつながる。生きづらさから解放され、生き生きとした自分を取り戻すこともできるのだ。その道程は平坦ではないが、行き着く先には、それまでとは違う光がある。

アダルト・チルドレンであるという自覚は、ただ、心の救いをもたらすだけでなく、新たな道への入り口にもなりうるのだ。

【目　次】

第2章 虐待の経験から生み出される絶望感

第3章　アルコール依存症の親からの「負の贈与」

第4章

普通の家庭にも育つアダルト・チルドレンの芽

第5章 立派な親をもつことのマイナス面

第6章 子供の登校拒否や暴力に直面するとき

第7章 アダルト・チャイルドからの回復

第8章

生きづらさの底に潜む子供時代の性虐待

第9章

回復がもたらす生き生きとした自分

第1章

アダルト・チルドレンを生み出す家庭の呪縛

成人してからも生きづらさを引きずるアダルト・チルドレン

生きることがつらいという人々がいる。

心のどこかにしこりがあって、明るく元気に生きている人のように笑うことができない。よく眠れなかったり、気分が晴れなかったり、落ちこみやすかったりする。NOといえず、自分の気持ちを主張できない。遊ぶのが下手《へた》で、楽しむことができない。自分が自分の人生を生きている実感がない。

けれど、いったいなぜ、自分がそういう人間になってしまったのか、人と違うのか、それがわからない。

人によっては、登校拒否をしたり、拒食や過食に走ったり、アルコールや薬物を乱用することもある。仕事が長つづきしなかったり、人とうまくつきあえない人もいるし、家に引きこもって外に出ない人もいる。なんとかしたいと思っても、どうにもならない。自分が嫌になってくるし、生活に支障をきたすこともある。

なぜ、自分はこんなことをやっているのだろうと、自分自身でも思う。

「アダルト・チルドレン」という言葉が世に出てから、共感する人が増えつづけている。自分がアダルト・チルドレンであることに気がつき、人とどうして違うのか、生きるのがつらい原因はなんだったのかがわかったのだ。

私たちは育つ過程で、親から大きな影響を受けている。躾《しつけ》や教育以外にも、親からいろいろなものを受けとって育つ。人格の基礎は家庭のなかで築かれるのだ。精神的な強さや弱さ、性格、個性などを培《つちか》う要素が、私たちの育ってきたなかに、特に親との関係のなかにあったのだ。

アダルト・チルドレンという言葉は、もともとは〝アルコール依存症者の親をもつ子供たち〟に対して使われたものだ。親がアルコール依存症だからといって、すべての人間がアダルト・チルドレンになるわけではない。健康な社会人として成長する人々もいる。しかし、それ以上に、心に問題を抱え、生きるのに苦労を感じる人が多かったのだ。

アルコール依存症の親をもつと、それを知られないようにするために隠しごとが多くなる。嘘をつくのが普通になってしまうし、見て見ぬふりや聞こえないふりをすることも身につく。おまけに親が子供の面倒を見なかったり、暴力や言葉で傷つけたりもする。

「おまえなんか生まなければよかった」

「おまえさえいなければ……」

「うるさい。あっちへ行け」

親からそういわれた子供は、自分が〝いてはいけない存在〟なのだと感じてしまう。自分に自信がもてず、不安や怯《おび》えを胸にしまいこむ。あるいは親に気に入られようとして、自分を押さえて必死で〝いい子〟を演じる。道化役を演じる子供もいるし、親がわりをつとめる子供もいる。何も感じないように心を閉ざしてしまうこともある。

そんな環境のなかでずっと育ったら、どんな大人になるのだろう。そう、アダルト・チルドレンになるのだ。

アダルト・チルドレン・オブ・アルコホリック（ACOA——アルコール依存症者のもとで成長した大人）は、アメリカのアルコール依存症に関わるケースワーカーやセラピストたちのなかから生まれた言葉だ。彼らがアルコール依存症の家族と接するうちに、その子供たちが心に問題を抱えているのに気がついたのである。

その言葉が世に出ると、そこにさらに広い意味が加わった。アダルト・チルドレン・オブ・ディスファンクショナル・ファミリイ（ACODF）だ。アダルト・チルドレン・オブ・ディスファンクショナル・ファミリイというのは、機能不全家族のこと。離婚、別居、家庭不和、虐待などの物理的な機能不全に加え、親の無関心、過干渉、身勝手、愛情不足などの精神面の要素も含まれる。親がアルコール依存症の家庭ばかりでなく、他のさまざまな機能不全の家庭でも、おなじような問題が生じるのである。

一見なんの問題もないような家庭にも、それはある。両親が揃い、アルコール依存症も虐待もなく、近所からは〝いいご一家〟といわれるような家にも、見えない機能不全は潜んでいる。親の情緒の未成熟、性格の偏り、そして子供の過剰適応などだ。〝いい子〟として成長した子供が、あるとき突然、問題行動を起こすようになることもある。また、結婚して家庭をもったあとに、その子供に問題が現われる場合もある。

家庭内で起こったことは人にはわからない。本人にもわからないことすらある。

問題を問題として自覚せず、普通のことと受け流しているケースも多い。また、忘れ去っていることもある。嫌なことは思い出したくないからだ。

けれど、成長の過程で起きたことは私たちの心身にしっかりと染みついている。成人したあとも、足枷《あしかせ》を引きずっているかのように、生きづらさを引きずりつづけるのだ。

傷つくことを極端に恐れる人たち

アダルト・チルドレンは生きるのが苦しい。楽しさも喜びも感じないし、生き生きとした感情がそこにはない。怒りも表わさないかわりに、嬉しがることもない。それどころか、問題行動があったり、苦痛をともなう心身の症状をもつ人も多い。

私自身もアダルト・チャイルドであったから、そのなかのいくつかを経験している。アルコール依存、薬物乱用、不眠、過食・嘔吐、学業や仕事の中途放棄などだ。自殺することばかりを考えていた時期もある。親との葛藤も激しかったし、解体した自我を拾い集めて組み立てなおす作業は、それは大変だった。詳しくはあとの章で述べるが、とりあえずそうした過程を経て、回復に至ったのである。

回復した今は、生きるのが楽しいし、人生は素晴らしいと思う。喜怒哀楽は明確にあるし（昔はなかった）、自分はなんの制約も受けない〝ありのままの自分自身〟として存在していることを実感する。家もないし、夫もいないし、子供もいない。今は恋人すらいないし、貯金もない。何ひとつもっていないが、それでも自分はとても豊かだと思う。猛烈に欲しいと思うものもない。それは〝あるがままの自分でOK〟という、自分に対する愛情があるからだ。

アダルト・チャイルドとして苦しんでいたころには、欲しいものがたくさんあった。まず、自分を認めてほしかった。褒《ほ》めてほしかった。愛してほしかった。大事にしてほしかった。それも、世界じゅうで一番。けれど、それらを表現することは微塵《みじん》もできなかった。むしろ、それらを欲しがっていることを人に知られたくなかった。それは恥ずかしい自分であり、惨めな自分だからだ。

アダルト・チルドレンは、自己評価が低い。自分に自信がなく、自分は何をやっても駄目だと思う。どうせ失敗するに決まっているし、また人に非難されるのが落ちだと思う。認められたいし愛されたいと思うが、自分にはその価値はないと感じている。けれども、やっぱり認めてほしい。アダルト・チルドレンは常に、人からの肯定や称賛、愛情を求めつづける。

誰でも人から認められれば嬉しい。仕事や勉強は、それを張り合いにやっているようなものだ。特に自分の個性が認められて褒められれば、そんな嬉しいことはない。

けれど、多くの人は、認められなくても、それを受け入れることもできる。失敗することがあっても、それを認め、逆にバネにして頑張ることもできる。批判されても、冷静にそれを受け止めて反省することも可能だ。

ところが、アダルト・チルドレンにとって、それらのことはとても難しい。自分を認めてくれる人がいたら、やっと巡り合えたと思って赤ん坊が母親に抱きつくように張りついてしまう。すると、張りつかれた相手はうっとうしくなって逃げ出してしまう場合もある。逃げ出そうという気配が見えた瞬間、アダルト・チルドレンには緊張が走る。相手に逃げられるくらいなら、自分から捨てよう、と思う。拒否されること、否定されること、嫌われることが耐えられないからだ。

アダルト・チルドレンは子供のころ、さんざんそれらを味わって、もうそれ以上経験したくない、と感じている。それ以上傷ついたら、心が壊れてしまいかねないのだ。

相手に少しでも拒否の気配が見えたら、アダルト・チルドレンは相手を傷つける。ひどい仕打ちや言葉を投げて、去ってしまうこともある。相手に嫌われる前にこちらから嫌う。捨てられる前に捨てる。それは自分を守る防衛手段のひとつでもある。否定されることには耐えられない。もし、そこで捨てられたなら、もう世界は終わりと思ってしまうのだ。けれど、人にはその心の動きは理解されない。

本当のことがいえない子供を生み出す家庭

アダルト・チルドレンにとっての世界は狭い。自分の身についた習慣や物の見方に縛られ、それを繰り返してしまう。

二十八歳の女性、恵美さん（本文中、名前はすべて仮名。プライバシーに関わる細部は変更を加えてある）は、子供のころから嘘が日常だった。母親と父親は仲が悪く、父親は帰ってこない日が多かった。

どうやら父親には別の女性がいたらしいのだが、事実ははっきりしない。それを母親に確かめることは怖くてできなかったし、今もできないでいる。

父親が帰らない日は、母親の機嫌が悪かった。学校から帰ると小言《こごと》をいわれ、それがだんだんエスカレートして、そのうち怒鳴り声に変わる。恵美さんがうつむいて黙っていると、返事をしない、といって手が上がった。

「あんたが素直じゃないから、あたしが苦労するのよ」

そういいながら、母親は恵美さんの手をひっぱった。腕の内側に鉛筆を突き立てる。突き刺さった鉛筆の芯が折れ、皮膚のなかに黒い塊が残る。つぎつぎに新しい鉛筆を出して、母親は恵美さんの腕を刺しつづけるのだった。ときにはボールペンのこともあったし、竹の物差しで肩や背中を叩くこともあった。恵美さんの腕の何カ所かには、いまだに黒い鉛筆の芯が入ったままになっている。

子供は親のいうことを信じる。おまえが悪いといわれればその言葉を信じ、罪悪感を感じながら暴力に耐える。日夜それを繰り返されれば、何もかも自分が悪いのだと信じてしまう。父母の仲が悪いのも、父親が帰ってこないのも、母親が怒るのも、すべて自分に責任があると思いこんでしまうのだ。

父親が帰ってこないことは、人にはいえなかった。いってはいけないといわれたわけではなかったが、暗黙のうちにそれを理解していた。

母親の折檻《せっかん》についてもいえなかった。手や腕に傷をつくり、友達に理由を聞かれても、話すことはできない。

「なんでもない。ちょっとぶつけたの」

もし、自分は悪くない、とわかっていたら、子供は親の行為を人に話すことができるだろう。被害者として助けを求めることも考えつくはずだ。だが、自分が悪いといわれ、それを信じた場合、人にいうことは難しい。それは〝恥ずかしいこと〟でしかなく、人に知られたくないことになる。嘘をいうしか方法はなかったのである。

いつの間にか、自分と周囲とのあいだには、高い塀ができあがってしまっていた。

平気で嘘をついてしまう〝習慣〟が招いたもの

恵美さんは一人っ子であったが、両親は子供の存在そのものに対して、あまり関心がなかったようだ。授業参観日にも親はほとんど来なかった。母親も父親も自分のことで頭がいっぱいのようだった。

教師や級友に聞かれると、仕事が忙しいから、病気だからと、いつも事実とは違う言い訳をしなければならなかった。親が自分に関心がない、愛情がない、というわけにはいかなかったし、自分でも認めたくなかったのだ。

いつの間にか、恵美さんは自分の嘘を信じるようになっていた。事実よりも嘘のほうが自分にとって価値があったのだ。恵美さんはよく想像の世界に遊んだという。優しい母、一緒に食事をする父、暖かい一家団欒《だんらん》。だが、それは最後まで空想でしかなかった。恵美さんが高校生になったとき、別居を経て、両親は離婚した。

成人して就職してから、恵美さんは自分の〝習慣〟に苦労するようになった。

些細なことから重要なことまで、つい事実とは違うことをいってしまうのだ。

仕事がぜんぜん進んでいなくても「捗《はかど》っている」といってしまい、理解できなくても「わかった」といってしまう。知らないことにも「知っている」というし、嫌いなものも「好き」といってしまう。いつの間にか身についた負けず嫌いも原因のひとつだろう。それは、やがて、大きな破局に結びついた。

重要な仕事の進行管理を任されていた恵美さんは、上司からの確認に「問題なく進んでいる」と答えた。まるで、条件反射のように、すらすらと口をついて出てしまったのだ。いってから〝しまった〟と思ったが、翻《ひるがえ》す勇気はなかった。仕事は実は大幅に遅れており、期日に間に合わないのは明らかだったのだ。

結局、仕事に大きな穴を開け、恵美さんの上司が責任をとらされることになった。事情は皆が知っているから、白い目は恵美さんに集まる。恵美さんはいたたまれなくなって、無断欠勤をしてしまった。それは人から見れば、ミスの上にミスを重ねるようなものだった。事態はますます悪化し、恵美さんはよけいに出社しにくくなり、そのままずるずると無断欠勤をつづけることになった。ワンルームの部屋でベッドにもぐり、電話にはいっさい出ず、閉じこもったのである。

一月(ひとつき)が経ち、訪ねてきた上司から辞表の提出を勧められると、恵美さんはそれに応じた。会社との縁は切れ、ことは終わったのである。

アダルト・チルドレンの特徴のひとつに〝本当のことをいったほうが楽なときにも嘘をいう〟というのがある。これは、アメリカのセラピストであるジャネット・ウォイティッツが挙げたものだ。成育環境のなかで、嘘が日常化すると、嘘をつくことの罪悪感が稀薄《きはく》になる。嘘は、当たり前のことであり、自分や家族を守るためにむしろいいことだった場合もある。そうした人々は、大人になっても嘘が口をついて自然に出てしまうのだ。

だが、本人にとって嘘は特別なことではないから、問題意識はない。相手が怒ったとしても、なぜ、そんなに怒るのか理解できないのだ。それで信用を失うこともあるし、友人が去ってゆくこともある。恋人や配偶者とトラブルになることも稀《まれ》ではない。そうしたことがつづき、大きな失敗や喪失に遭ったとき、初めて問題に気がつく人も多い。

恵美さんもその一件で初めて、嘘をつくということの問題を認識したという。このままではまともに生きてゆけない、と感じたのだ。これはアダルト・チルドレンの回復にとって大きな意味をもつ〝気づき〟でもある。自分のなかの問題に気づいたとき、長いあいだ閉まったままだった扉が開き、新しい光が入ってくるのだ。

病気ではないのに生きるのがつらくて苦しい

「アダルト・チルドレン」は、病名ではない。精神科医が命名したものではなく、ケースワーカーらの現場から生まれた言葉であるためか、医師による認知はほとんどされていない。精神科や神経科に行って「アダルト・チルドレンなんです」といっても、治療をしてくれる病院はまだ少ない。一九九六年から、全国のいくつかのクリニックで対応するようになっているが、その数はまだわずかだ。病名として認められなければ、治療法も確立されないのかもしれない。だが、苦しんでいる人々はたしかにいるのだ。

日本に「アダルト・チルドレン」という言葉を広め、積極的に治療も行なっている「家族機能研究所」の代表であり、精神科医である斎藤学医師はいう。

「かつて話題になった〝ピーターパン・シンドローム〟や〝青い鳥症候群〟の人たちは、日常生活は普通にできます。しかし、アダルト・チルドレンは普通の生活をやっていけない人が多いのです」

アダルト・チルドレンは、単なる個性や特徴ではない。本人にとってはかなり重いものだ。ただ、今まではそれを表わしてくれる適切な言葉がなかった。行き場がなく彷徨《さまよ》っていた状態だと私は思う。それに初めて名前がついたのだ。そして、その名前は自分が望めば手にすることができる。

心が苦しくて、抑鬱や不眠などの症状があったり、問題行動を起こしたりする。あるいは生きている実感がない。そういう人がアダルト・チルドレンという考え方に接し、自分がそうだと感じる。

ある女性は、長いあいだ、苦しさを感じつづけて生きていた。ごく普通の家庭だったが、父親は仕事人間で、母親は教育熱心で過保護だった。うっとうしいと思ったが、母親から離れることができない。外の人間ともうまくつきあえず、いつも破綻してしまう。何をやっても長つづきしない。

悩み、苦しみながら、その女性はいろいろなことを試みた。座禅をしたり、滝に打たれたこともあった。が、状況は変わらない。何がいけないのか、どうすればいいのか、彼女にはわからなかった。

アダルト・チルドレンのことを知ったのは、つい最近だった。本を読み、そのなかに自分の姿を見つけ、「これだ」と彼女は息を呑んだ。自分がなんであったのか、なぜ苦しいのか、やっとわかったのである。その女性は今、つぎつぎに本を貪《むさぼ》り読んでいる。

またひとり、アダルト・チャイルドが誕生したことになる。これは、いってみれば自己申告制で、本人がそうだといえば、その人はアダルト・チャイルドになるのだ。

だから逆にいえば、人のことを決めつけることはできないし、レッテルを貼ることもできない。端《はた》から見るとどうもズレている人というのが、周囲を見渡すとかならず一人や二人はいるものだが、本人はぜんぜん気にしていない場合がある。別に問題を感じず、困ることもなければ、その人はアダルト・チャイルドではないのだ。

そのかわり、人からはなんの問題もないと思われている人のなかにも、アダルト・チルドレンは存在することになる。ごく一般的な家庭に育ち、いい大学に進み、いい会社に就職し、結婚もしている。端の人から見れば何ひとつ不足はないと見えるのだが、本人は苦しいという。自分はつらいし、アダルト・チャイルドだという。その場合も、立派なアダルト・チルドレンの一員だ。

アダルト・チルドレンは、誰もが〝人にわかる苦しさ〟をもっているわけではない。拒食症や過食症などの摂食障害、アルコール依存症、家庭内暴力や閉じこもりなどは、人の目から見てもわかる。その人がその行為を行なっているということが認識されるし、何か問題があるのだろう、と思ってもらえる。

けれど、アダルト・チルドレンのつらさは、形に現われないことも多い。優等生として、いい子として育ち、大人になった場合だ。そちらの人口のほうが、むしろ問題行動を起こす人口よりも多いといわれている。

ただ、自覚している人はずっと減るはずだ。ほとんどの人は〝これでOK〟と思って生きているし、問題はないと信じている。幸福感や喜びを感じていなくても、それが普通だと思ってしまうのだ。だが、それが綻《ほころ》びるときもくる。

親の期待に応えすぎる〝いい子〟

修一さんは、誰にでも褒められる子だった。下に妹と弟がおり、小学生のころから面倒を見、勉強を教え、遊んであげていた。母親は専業主婦だったが、病気がちの姑の面倒を見なければならず、いつも忙しそうだった。

父親は普通のサラリーマンだったが、夜は遅いし朝は早い。食卓を一緒に囲むことは、日曜日でさえないことがあった。休みの日には競馬に出かけ、そのまま酒を飲みに行ってしまうようだった。母親はいつも文句をいっていたが、父親がまともに耳を傾けているようには、子供の目にも見えなかった。

母親はよく修一さんに愚痴《ぐち》をこぼした。姑の看病や家事に疲れると、深い溜息をついて、肩を回す。それを見ると、すぐに修一さんは肩を揉《も》むために、母親の後ろに立った。母親は肩を揉まれながら、「疲れた」と何度も口にする。そして、「何もかも押しつけて、お父さんは何もしない」とこぼす。

「わたしは家政婦とおなじなのよ」

そういわれると、修一さんは手に力を加え、強く肩を揉まずにはいられなかった。

学校でも成績はよく、修一さんは人望もあった。人気とは少し違う。皆から一目置かれ、頼りにされることが多かった。ほとんどのことはてきぱきとこなし、修一さんは同級生よりも一歩進んで歩いているようだった。修一さん自らもそうであるように努め、それを誇りに感じていた。

妹も弟も、なにかというと修一さんを頼る。お菓子やおもちゃを欲しがる妹や弟のために、修一さんは自分の小遣いを削ることもあった。欲しいものがあっても、自分のものは後回しにしてしまう。母親はそんな修一さんの行動に気がつくと、嬉しそうに褒める。それが修一さんにはとても嬉しかった。

父親はときどき、泥酔して夜遅くに戻り、大声を出して暴れることもあった。近所じゅうに響き渡るような父親の声を恥じて、母親はおろおろと父の周りを巡る。が、どうすることもできない。うっかり近づくと、酔った勢いで殴られることもあった。修一さんは母親をなだめ、父親に水を飲ませる。そして、力が抜けたところに、布団へと引きずりこむのだった。

夜、父と母が口喧嘩をしている場面を、修一さんは何回か見たことがある。トイレに起きたときなどに物音に気づき、そうしたいさかいをこっそりと覗《のぞ》くこともあった。翌朝には、いつもよりも元気に起き、てきぱきと妹と弟の面倒を見る。食事の手伝いをし、母親に話しかける。しまっておいた百点のテストを、思い出したように見せることもあった。母親はほんの少し元気を取り戻したように見えた。

父も母もいて、家庭の形は整っており、なんの問題もないように見える。しかし、修一さんはそれが形だけであることを、ずっと感じつづけていた。一生懸命に守らなければ、壊れてしまうような不安がよぎることもある。

修一さんは、すべてにおいて努力した。勉強にも努力し、いい成績を保ち、進学校から大学へ進んだ。

頼られて頑張りすぎた末の破綻

大学を卒業後、修一さんはある企業に入社した。研修期間中からてきぱきと周りの面倒を見、すぐにグループのリーダーに抜擢された。同期の皆からも頼りにされ、それに応えることもできた。優秀な人材と期待されているのが、やがて噂で伝わってきた。修一さんはますます〝ミスはできない〟と気合いを入れた。

入社から半年がたったころ、修一さんは身体の調子を崩しはじめた。腹痛が起こり、偏頭痛がすることもあった。朝、会社に行くのがおっくうに感じることもあり、気も重くなる。なんとか出社しても、調子は悪いままだった。やがて、人と話すのも面倒になりはじめた。

修一さんはある日、会社を休んだ。腹痛がひどかったのだ。一度休むと、まるで癖になったように、病欠が重なった。そのうちに無断欠勤するようにもなっていった。心配した母親はあれこれと話しかけてくるが、それもうるさかった。部屋で寝たまま、ビデオばかり見つづけていた。

修一さんは辞表を書き、会社を辞めた。せっかくいい会社に入ったのにもったいないと母親はいう。修一さんは、そんな言葉に腹が立つのを感じた。母親に対し、初めて不快感をもったのである。

しばらくして、修一さんは別の会社に就職が決まった。心機一転を胸に勤めはじめたが、しばらくすると、また体調が悪くなっていった。新入社員なのにしっかりしているために、先輩社員に頼られるようになってしまい、いつの間にかまた頑張りすぎていたのである。気がつくと年上の人間からも頼りにされ、修一さんの仕事はあっという間に増えていた。そして、突然、嫌気がさし、病欠をし、無断欠勤となり、辞めてしまったのである。

その後、修一さんはおなじパターンを何度も繰り返した。転職するたびに頼られてしまい、頑張ってしまう。そして、疲れて嫌になってしまうのだ。どうしてこうなんだろう。さすがに転職することにも疲れ、修一さんは考えこんだ。転職を重ねると条件もどんどん悪くなる。人間関係も築けない。それに、苦労ばかりが増えて、いいことが何もない。

その間に恋愛をしたこともあった。修一さんは相手にいろいろなプレゼントして、尽くす。相手の望むことはほとんど適《かな》えてあげたし、精いっぱいの努力をしたつもりだった。が、結局、恋人に去られるというパターンでいつも終わった。

修一さんは、なんとかならないものかと、いろいろな本を買い集めて救いを探した。そのなかに、アダルト・チルドレンを解説したものがあった。愕然《がくぜん》とした。

それはまるで自分のことのようだった。

思い当たる節がいっぱいあった。子供のころから自分を殺し、人の面倒ばかりを見て、頑張り、努力を重ねてきた。それは子供らしくなく、不自然なほどだった。

どこに行ってもすぐに頼られてしまうのは、自分がそのように振る舞っているからだということがわかった。限界を越えて頑張ってしまい、やがて力尽きてしまうのも、自分の行動パターンだった。それは長いあいだ繰り返してきた家庭での生き方そのものだったのだ。

自分の内側を見つめると、気がつかなかった気持ちも見えるようになった。本当は不満もいろいろとあったのである。母親に対しても父親に対しても、妹や弟に対しても、いいたいことはあった。自分たちばかり勝手なことをして、という怒りの気持ちもあった。修一さんはそうした自分の感情に、やっと気づいたのである。

修一さんは自分を取り戻そうと、家を出た。もう無理に〝いい人〟にはならない、と決め、必要以上に努力してしまうことをやめようとしている。〝頼りになる人〟にはもうならず、皆とおなじように生きようと決めている。が、まだまだ習慣が抜けずに、つい人の面倒を見てしまう。知らないうちに頑張ってしまう。それでも、それを意識できるようになったのが以前とは違う。

さらに時間はかかりそうだが、修一さんはもう、おなじパターンは繰り返さないだろう。おそらく、もっと楽な生き方ができるようになるにちがいない。

親に気に入られたくて自分らしさに蓋をする子供

子供は誰でも親に気に入られようと努力する。子供にとって親は絶対だ。取り換えはきかないし、親の保護や愛情なくして生きてゆくことはできない。暴力を振るう親であろうと、子供を支配する親であろうと、彼らに気に入られるように努力するしかない。

親はおうおうにして子供を支配しようとする。それが躾であり、親の役目だと多くの人は思う。親のいうことをきかせ、従順でいれば、それは〟いい子〟なのだ。子供は親に愛されようと必死になって〟いい子〟を演じ、自分を〟いい子〟

の鋳型《いがた》にはめてゆく。そして、いつの間にか、それが自分だと信じこんでしまう。〝いい子〟に求められるのは〝子供らしくない子供〟だ。乱暴やいたずらをせず、わがままもいわず聞き分けがよく、人のいうことに従う。人に気を遣い、面倒見もいい。遠慮深く、謙虚で自己主張をしない。

それは優秀な子といわれるかもしれないが、本来の子供の姿ではない。それに適応したら、その子は子供時代を失ってしまうのだ。さらに自分自身も失ってしまう。

人がアダルト・チルドレンになる最大の原因は、子供時代の喪失だといわれている。子供らしい子供時代をすごさなかった人は、そこで成長が疎外される。親に子供らしく甘えることが十分にできなかった人は、そのつぎのステップである「自立」に進むことができないのだ。

普通は子供から青年期を経て成人になるのに、その過程を経られないため、青年期へも進めない。子供時代を終わることができないのだ。子供らしくない子供であったかわりに、心のなかの子供を引きずってしまう。年齢だけは大人になっても、精神面では子供時代の偏りが残ってしまうのである。しかし、その偏りを自覚しない人も多い。

親への反発は、なかなか自覚されにくい。親を嫌い、反抗することは子供にとっては、とてつもなく怖いことだ。逆らって親に嫌われたら、生きてゆけなくなってしまう。だから、親への否定的な感情が湧きあがっても、たいていはそれを抑圧してしまう。蓋をしてしまい、感じなかったことにしてしまうのだ。〝いい子〟にとっては、それが生き延びる手段となる。

世の中には、そのままずっと〝いい子〟でいられる人もいるかもしれない。そういう人にとっては、人生はつらいものにはならないだろう。しかし、そのかわり楽しいものでもないにちがいない。喜びもない、空虚な自分、砂漠のような人生。そして、それが普通だと思う。そうして生きている人はそれで満足しているのだから、他人がとやかくいうのはお節介にしかならない。その人にとって、人生とはそういうものなのだ。

しかし、普通はなんらかの問題が生じる。たとえ、本人がそれに気づいていなくても、〝いい子〟のころの偏りは今度は生き方の偏りとなってつづく。

仕事に邁進することはいいことのように思われているが、その裏には仕事依存症が隠れている可能性がある。家庭を顧みず、趣味も楽しみももたずに生きている男性は多い。女性であれば子育てに夢中になり、自分の生活も人生も子供に捧げてしまうというパターンが生まれる。子供のころは親のために生き、大人になってからは夫のため、子供のために生きる。

どちらにしても、そこには〝自分〟というものが存在していない。自分の居場所を仕事や家族という、他の存在に求めているのだ。これは依存である。アルコールや薬物と違って、対象が普通のものだから、異常とは感じない。しかし、それなしでは生きられない、というメカニズムはおなじだ。アダルト・チルドレンを名乗る資格は十分にある。

こうした親のもとで育った子供はどうなるのだろう。親のもつ偏りを受け取り、やはり問題を抱えこむかもしれない。自分をもたない親からは、自我の育て方は学べない。そして、自分の子供にそれを教えることもできない。新たなアダルト・チルドレンを生み出す可能性が、そこにはあるのだ。

無意識のうちに世代を越えて伝わっていく心の傷

親から受け取ったネガティブな要素は、私たちのなかに問題の種として存在するようになる。それはやがて症状や問題行動などで現われることもあり、表面に出てくれれば、その人の内側に問題があるのがわかる。自分でも認めることができるし、人にも理解されやすい。

しかし、特別な症状として現われないと、問題を抱えていることがわからない。本人が自覚すらできないことも多い。けれど、それは考え方や感情、行動などに現われるのだ。

怒りを秘めていると、何につけても怒りっぽい人になる。店に行けば店員に対して怒り、電車に乗れば他の乗客や駅員に対して怒る。職場の人々に年じゅう怒っている人もいるし、近所の人を目の敵にしている人もいる。テレビを見て怒ったり、犬や猫に怒る人もいる。とにかく、些細なことにも腹を立て、文句をいい、ときには暴力を振るう。

体の奥に怒りのエネルギーがあると、それは何に対しても反応してしまう。もともとは親との関係のなかで生じたものだとしても、嫌われたくないから親に怒りは向けられない。表現することができずに押さえこんだ怒りのエネルギーは、消えることなく燻《くすぶ》りつづける。そして、親とはまったく関係のない相手に対して、怒りが向けられてしまうのだ。

子供であれば弱いものを苛《いじ》めるだろうし、動物を虐待するかもしれない。大人になれば社会や他人への怒りとして向けられる。子供とおなじように自分よりも弱い人物を苛める人もいる。

困ったことに本人は、それが親への怒りがもとになっていることを、ほとんど自覚していない。そのときに感じている他者への怒りは、正しいものだと信じているのだ。相手の悪いところを見つけ出して、それを非難する。

相手が自分の子供であれば、躾や愛の鞭《むち》という言葉を持ち出して正当化する。子供は親が正しいと思うから、それを信じこんでしまう。

この場合、子供はまったく罪のない被害者だ。ただ、怒りのエネルギーを発散させるための、八つ当たりの相手になっているにすぎない。しかし、子供はそれがわからずに自分が悪いと思って、自己評価を下げてゆく。それと同時に、自分も怒りを感じながら抑えこむ。おまえが悪い、といわれてそれに納得したとしても、暴力を振るわれれば、やはり怒りが湧く。ただ、それを表現することができない。

暴力を受けた子供は、怒りのエネルギーを内側に溜めこんだまま、その怒りが何によって生じたのか自覚しないまま、成長してゆく。そして、また親とおなじような大人になってしまう。

アダルト・チルドレンは〝世代間伝播《でんぱ》〟してゆく。暴力を振るう親は、そのまた親にやはり暴力を振るわれた人が多いし、さらにその親もまた暴力を受けた確率が高い。

そして、親に殴られて育った女の子は、暴力を振るう男性をわざわざ結婚相手に選びやすい。親がアルコール依存症だった人は、そうでない人よりもアルコール依存症になる確率が高いし、アルコール依存症の人と結婚する確率が高い。そういう人に魅かれて、自ら選んでしまうのだ。自分の身についた環境に無意識に魅かれ、そこに吸い寄せられるようにして、選択を行なってしまう。そしてまた、つぎの世代に引き継がれてしまうことになる。

問題が内側に隠れているかぎり、この〝世代間伝播〟を断ち切ることは難しい。本人が自覚せず、そこから回復しないままだと、自分の抱えた問題が受け継がれ、また新たなアダルト・チルドレンが誕生することになる。

アダルト・チルドレンということがどうして問題なのか、なぜ、それを自覚することが大切なのか、という理由のひとつはそこにある。回復しなければ連鎖を断ち切ることはできないし、回復するにはまず自覚をもつことが必要になるからだ。

本人の責任ではない心の傷から起こる悪循環

自覚をもつことのもうひとつの大切な理由は、アダルト・チルドレンが抱えた問題はその本人の責任ではない、ということによるものだ。殴られるのものしられるのも、支配されるのも自分を失うのも、本人が望んで行なったことではない。本人にはなんの罪もなく、なんの落ち度もないのだ。

アダルト・チルドレンのほとんどの人々は、自己評価が低い。自分は駄目な人間だと思っているし、能力もなく価値もなく、未来は暗いと感じている。それは、子供のころに家庭環境のなかで植えつけられた根拠のない思いこみだ。親に与えられた誤った評価を、そのまま受け入れてしまった結果にすぎない。本来のその人自身には関係のないことだ。

人には等しく価値があり、愛される資格があり、生きる権利があり、自分を大切にする能力がある。さまざまな能力ももっているし、可能性も十分にある。何かをやりとげる力もある。

しかし、子供のころからそれを否定するようなメッセージを受けつづけたため、自分の力を信じられなくなってしまっているのである。

小さいころ、兄弟と比べられ、いつも劣っているといわれつづけると、自分は劣った人間なのだと思いこんでしまう。平均よりもいい成績をとったとしても、人よりも少しスポーツが得意だったとしても、そう簡単に〝自分は劣った人間だ〟というレッテルを剝《は》がすことはできない。自分にはもっと凄いことができる、とは思えなくなってしまう。そして、チャレンジする前に諦めてしまうのだ。

どうせ駄目に決まっている、と思うと、人はなかなか挑戦する気になれない。失敗して笑われるくらいならやらないほうがましだ、と考える。失敗したら、もともと自信がないところにさらに追い討ちをかけることにもなる。そうなったら、かろうじて支えている自分を、もう支えることはできない。そんなことになったら立ち直れない、と思う。だから、初めから挑戦することなく、放棄してしまうのだ。

これは、自分をぎりぎりの線で守る方法かもしれない。しかし、そうして物事への挑戦を避けていると、いつまでたっても何かをやりとげることができず、自信をつけることもできない。人は何かをなしとげることによって自信をつけてゆくものだが、それを避けていると、自信をつける機会は得られなくなる。もともと自信がないのに、そこでいつまでも停止したままになってしまう。すると、ますます前に進めない。こうして悪循環にはまり、抜け出せなくなってしまうのだ。

心の傷は小さなもののように感じるが、影響力は大きい。その人の性格や生き方まで縛ってしまう。知らず知らずのうちに植えつけられた誤ったイメージが、その人の人生を左右してしまうことになる。

自信がもてないとしても、つい嘘をついてしまうとしても、怒りっぽくて暴力を振るってしまうとしても、そうした問題は本来はその人の荷物ではない。その人には責任はないのだ。

そのことに気がついたとき、アダルト・チルドレンは自分を責めることをやめ、違う自分の可能性を探しはじめることができるのだ。

人との信頼関係は親子関係から芽生えるのだが

アダルト・チルドレンにとって、多くの場合、家庭は安らぎの場所ではなかったはずである。不安や緊張、気遣いや忍耐、努力、献身、あるいは恐怖、偽り、悲しみ、孤独などが張りつめる場所だった。安心感、笑い、信頼、喜び、暖かさなどは稀薄、もしくはほとんどない。そうしたなかで育つと、強い自我を得ることができなくなる。

人によっては攻撃性が強く、喧嘩っ早くて負けず嫌い、という性格も見られる。そういう人は一見、我《が》が強そうに見える。が、それは他人が怖いため、他人を信用していないためにそうなるのだ。弱さゆえの攻撃性である。

多くのアダルト・チルドレンは、人間関係がうまく築けない。人との信頼関係は、まず、赤ん坊のころに親と結ばれる。母親は泣けば乳を与えてくれ、おむつを取り換えてくれて抱きしめてくれる。赤ん坊は自分の欲求が満たされると、愛されているのだという満足感と自尊心が芽生える。求めればすぐに応じてくれる人がいると、そこに信頼関係が生まれ、人を信用するという芽が生まれるのだ。

さらに子供の成長とともに信頼関係は深まり、発達する。親が子供を十分に愛し、尊重し、情緒的なつながりをもてば、信頼関係はますます豊かになってゆく。子供は、人は信用すべきもの、いい関係が築けるもの、と学ぶ。やがて、それは友達にもおよび、長じてはあらゆる人間関係に応用される。

しかし、幼いころに信頼関係を経験することのなかった子供は、人に対しても考え方が違うものになる。気紛《きまぐ》れで愛情の稀薄な親に育てられれば、人を信用するという芽が芽生えない。愛情の行為は豊かでも、過干渉で支配的な親であったら、人間関係を不快なものとして感じとってしまう。

もしも、暴力を振るう親であったら、人は怖いものというイメージがインプットされる。その人にとって、他人は敵になってしまうのだ。

人を信用せず、相手は自分を傷つける存在だと思っていると、その人は他人に対して攻撃的になる。相手が自分を傷つける前に、やっつけてしまわなければならない、と考えるのだ。相手の欠点をまず探り出し、ミスがあればすぐに指摘し、自分が優位に立とうとする。これは、その人自身が強いからやっているわけではなく、相手が怖いからこそする行為だ。

このタイプの人は、表面は強そうに見えるが、内面はとても脆《もろ》い。とてもはかない自我なのである。

恐怖症は、傷ついた心の表われ

アダルト・チルドレンは全般的に、心がとても脆い。強そうに見える人でも芯は脆いし、弱そうに見える人は本当に弱い。

何しろ怖いものがいっぱいあるのだ。人が怖い、人の感情が怖い、自分の感情も怖い、人と意見がぶつかるのが怖い、自分のことを知られるのが怖い（自分が駄目な人間だということがばれてしまうから）、新しいことをするのが怖い（失敗すると思うから）、変化が怖い（悪くなるに決まっていると思うから）、人からの期待が怖い（応えられないと思うから）、NOというのが怖い。そのほかにも、まだまだ怖いものがある。不潔恐怖や先端恐怖を訴える人もいるし、高所恐怖や閉所恐怖の人もいる。乗り物や広場を怖がる人もいる。

こうしたほとんどのものは、健康な心をもった人なら怖がらない。おそらく、怖いというのがどういうことか理解できないだろう。なぜ、そんなものが怖いのか？　高所には必ず囲いがあるし、閉所といっても永遠に開かない部屋はない。ボールペンを向けられたからといって、相手はこちらを刺そうと考えているわけではない。他人がすべて自分に敵意をもっているわけでもないだろう。

そうしたことは頭ではちゃんと理解できている。しかし、怖さは頭で判断しているのではない。心の奥から湧きあがってくるのだ。

なぜ、そんな恐怖や不安が湧き起こるのだろう。それは心の奥底に子供のころに味わった不安と恐怖があるからではないか。そうした感情や感覚も、怒りとおなじように、解放しないかぎり胸のなかに潜み、いろいろな刺激に反応しつづける。もともとは親から受け取った不安でも、まるで独立したエネルギーのように、体のなかに存在するのだと思う。

この〝怖い〟という感覚は、経験しないとわかりにくいだろう。頭では〝こんなもの恐れる必要ない〟とわかっているのに、それでも心が怖がるのだ。対人関係がこじれれば電話が怖くなるし、落ちこんだときには未来が怖くなる。人から「そんなもの怖くないよ」といわれても、怖さはなくならない。自分で言い聞かせても、なだめることはできない。そうした反応が起きているときは、多分に病的な状態になっているのだと思う。

私も神経を病んだときには、本当にたわいもないものに恐怖を覚えた。もともと子供のころから閉所恐怖症と先端恐怖症があったが、精神状態が悪くなると、もっといろいろなものが怖くなる。電車がホームに入ってくれば自分が飛びこんでしまうのではないかと怯え、よく慌ててホームの奥に身を引いた。突然、広い駅のコンコースが怖くなったり、道ですれちがう人が怖くなったりもした。

そういうときの神経状態は、やはり普通とは違う。わなわなと神経の束が震えるような状態で、理屈では抑えがきかないし、コントロールができないのだ。

恐怖症というのは心の問題の表われだと、心理学ではいわれている。閉所恐怖は疎外されることへの恐怖、尖《とが》ったものが怖い先端恐怖は攻撃への恐れ、不潔恐怖は罪悪感の表われ……などという解釈もあるが、実際はもっと複雑だ。いくつかの問題が入り組んでいる場合もあるだろうし、屈折している場合もあるだろう。だが、いずれにしても心が何かを訴えている、と考えて間違いはなさそうだ。

回復の第一歩は、アダルト・チルドレンであるという「気づき」

アダルト・チルドレンは怖いものが多く、傷つきやすく、そして立ち向かう力がない。ちょっとのストレスやアクシデントにも、アダルト・チルドレンは深手を負ってしまう。強固な自我をもっていないために、外部からの刺激を跳ねのけることができず、もろに打撃を受けてしまう。

愛情や褒め言葉をいっぱいもらった人は、自尊心という強固な鎧《よろい》を作りあげることができるが、それらが少なかった人はぺらぺらの鎧しか作ることができないのだ。槍《やり》が飛んでくれば、すぐに貫かれてしまう。

アダルト・チルドレンは、弱い自分を責める。傷つくたびに、自分が駄目な人間だからこうなるのだと、自らを批判して落ちこむ。それも〝駄目な人間〟という刷りこみによるものだが、本人はそれが正しい評価だと思ってしまう。

私たちは誰でも親からの影響を受けて育つが、それが否定的なものだった場合、強い呪縛になってしまう。その呪縛を解かないかぎり、本当の自分らしく生きることはできない。

親に責任があるというと、それに反発する人々もいる。自分の生き方の失敗を親のせいにするなんて軟弱者のすること、というのだ。これは、なんの苦労もなく育った人よりも、少しの苦労を克服した人に多く見られる。自分は苦労してここまで立派になったのだから、努力すれば誰でもこうなれるはず、しないのは怠け者の証拠、という理屈だ。しかし、それほど単純で簡単なことではない。

それに、問題の原因が親にあることを解明したからといって、親の責任を追及するわけではない。慰謝料を取って、自分の失敗をなすりつけろ、などとは誰もいっていないのだ。

問題は、不当な評価を受け、誤った自己認識を受け入れてしまっているということだ。そこには本人の責任はなく、だからこそ、その呪縛から自由になることができる、という事実だ。

家庭環境のなかで心に傷を負った人々は、かつては行き場のない人々だった。ただ、苦しみを抱え、耐えながら日々をすごすばかりだった。アダルト・チルドレンという呼び名は、そうした私たちに与えられた〝場〟だといっていいだろう。私たちが何者であるのか、どこへ行けばいいのか、なぜ苦しいのかを教えてくれたのだ。

アダルト・チルドレンであるということに気がついたとき、私たちには新しい自分が生まれるのである。

第2章

虐待の経験から生み出される絶望感

家庭のなかの暴力が心に刻む後遺症

「虐待」という言葉を聞いても、別世界のことのように感じる人が多いかもしれない。家庭のなかに暴力の存在がなかった人のほうが多いだろう。

しかし、家庭のなかの暴力は、世間で考えられている以上に多い。今回の取材だけでなく、これまで関わってきた人々のなかで、私は幾人もの口から虐待の経験談を聞いた。自分が父親や母親から殴られた話、兄弟が殴られていた話、または、母親が父親から年じゅう暴力を振るわれていた話。

おそらく、暴力のある家庭の数は、社会で表面化しているよりもずっと多いだろうと思う。暴力の経験は、ほとんど人に語られることはない。子供でも、それは人にいってはいけないもの、と感じているし、同時に〝暴力は普通のことでどこの家庭でも行なわれている〟と思っているのだ。ただ、みんな自分とおなじように口に出さないだけだ、と考えている。

暴力を経験してきたある女性に話を聞いた。その家では父親が毎日のように子

供たちに殴る蹴るの暴力を振るい、加えて母親もときどき折檻をしたという。しかし、彼女は、

「でも、どこの家でもそんなものでしょう？」

というのだ。また、別の女性も、父親が母親に対し、ことあるごとに暴力を振るい、子供たちにもしばしば行なっていたが、

「男と女ってそんなものだと、ずっと思っていたから」

というのである。その女性が成人してからつきあった男性はやはり暴力を振るう人だった。しかし、両親のそうした姿を見て育った彼女は、それが当たり前だと感じていた。四年以上つきあって、ある日、蹴飛ばされて骨折させられたとき、初めて別れようと思ったという。

前者の女性も、七年間つきあった男性はやはり暴力的な人物だった。殴られ、蹴られしながらも、「この人のこんな気持ちを受け止められるのは自分だけなんだ」と感じていたという。

暴力に馴れ親しんで育つと、それを特殊なことだと思わなくなる。

子供は誰でも自分の家庭を普通だと思って育つ。比較する対象がないうちは、

違いがわからない。さらに暴力を経験している子供は、人間への信頼感をもてないから友人もできにくい。友達の家に遊びに行く機会も少なく、友達を家に呼ぶ機会はもっと少ないから、ますます比較の対象を失ってしまう。二十代になっても、自分の家は普通の環境だったと信じているのだ。

もしかしたら、本人はうすうす普通ではなかったことに気づいていたかもしれない。それを認めたくなかっただけかもしれない。

実際、彼らが虐待を語るとき、それを補うように親のいいところも語る。殴られた話をしたあと、でも、こんないいところもあった、と慌ててつけ加える。親を守りたい気持ちも、そこにはあるのだろう。自分を普通だと思いたい気持ちもあるのかもしれない。けれど、そういう思いは、自分の経験と現実に目をつぶらせてしまう。それは自分の現在から目を背けることにもなってゆく。

虐待を語った前述の二人の女性は、二十代の半ばをすぎても、自分はごく普通の人間だと主張していた。だが、周囲の人々は口を揃えて変わっているという。事実、かなり個性が強く、性格に偏りがある。人づきあいも下手で、ずいぶんと苦労もしている。が、本人はそれを自覚しておらず、その原因にも思いいたらない。アダルト・チルドレンという言葉に出会って、少しだけ、自分の問題に気がついたようだ。しかし、まだ、自分がアダルト・チルドレンであることを認めるには抵抗があるようで、普通だと思いたい気持ちと半々という状態に見える。

暴力が人に与える影響は大きい。体だけではなく心まで傷つける。むしろ、体の傷は治るが、心の傷は容易には治らないし、のちのちにまで深い後遺症を残す。その傷が人生そのものも傷つける、といってもいいだろう。

躾という名で繰り返される虐待の実態

虐待の程度には、いろいろある。軽く叩く程度から、殴る蹴る、その結果骨折させるというものまである。新聞には死亡したケースもときどき報道される。水に漬けたり、煙草を押しつけて火傷《やけど》をさせたり、狭い所へ閉じこめたりするケースもある。食事をさせなかったり、世話をしないという無視のかたちをとることもある。これはネグレクト（放置）と呼ばれ、暴力をともなわない虐待とされている。いずれの場合も、受けた人が深く傷つくのは間違いない。

沢子さんは、父親からの暴力の経験者だった。暴力の程度は重く、頻度も高かった。三歳年下の弟がいるが、やはりおなじように虐待を受けていた。母親はあまり暴力を振るわれることはなかったが、母親自身が子供たちにしばしば暴力を振るっていた。また、父親が子供に手を上げるとき、母親がかばうことはあまりなかったという。

物心ついたときからすでに手を上げられていたため、父親の暴力がいつ始まったのか、沢子さんの記憶にはない。暴力は突然、子供たちを襲い、それは父親の気がすむまで終わることはなかった。殴られると、沢子さんは父親を睨《にら》みつけた。すると、今度は足が飛んでくる。

「なんだ、その目は。夜叉《やしゃ》みたいな顔しやがって、鏡を見てみろ」

と、頭を壁に打ちつけられる。

「おまえが大きくなっても恥ずかしい思いをしないように、躾てやってるんだ。ありがたいと思え」

幾度も頭を打ちつけられながら、腹部には蹴りが入れられる。

そういう夜、沢子さんは全身が痛んだ。手も足も背中も腹も痛く、布団に横になることができない。寄りかかると背中が痛いので、壁にもたれることもできない。頭は内出血だらけで、頭を柱に預けることもできない。膝を抱え、涙を流しながら一晩じゅう痛みに耐えるだけだった。

隣の部屋からは弟の泣き声が聞こえてくる。しかし、それは押し殺した嗚咽《おえつ》だ。聞こえるような泣き声をあげれば、「あてつけがましい」といって、父親がふたたび暴力を振るうからだ。二階の隣り合った部屋で、姉弟は息を殺して泣きつづけていた。

母親がようすを見にくることは、ほとんどなかった。そんなことをしようとすると、父親の怒りが今度は母親に向いてしまう。母親は父親に抵抗する力を、もうとっくになくしているようだった。

ほとんど眠られなくても、姉弟は朝の七時にはきちんと着替えて階下に降りる。そう何事もなかったかのような顔をして、新聞を読んでいる父親に挨拶をする。そうしなければ、また暴力が始まるからだ。

食事のあいだじゅう、父親はずっと子供たちを睨みつづける。少しでも御飯をこぼしたり行儀が悪かったりすれば、父親の怒鳴り声が響く。沢子さんはいつも、その目が怖く、ろくに食事が喉を通らなかった。弟のほうはそれを無視して、平然と食事を終える。母親はおどおどと父親の顔色を窺《うかが》う。食事中にテレビをつけることは許されず、かといって会話もないため、極度に張りつめた食卓だった。

つらい現実から逃避するための空想癖

沢子さんは家に帰るのが怖く、夕方暗くなるまでよく外を歩きまわった。そして、優しそうな人がいると、そのあとについていくのだった。

はったいこ（麦焦がし）売りのおじさんは特に優しそうで、川を越え、町を抜けてついて歩いた。沢子さんは、もしかしたらこの人が本当のお父さんかもしれない、と思いながら、空想を巡らせるのが常だった。本当のお父さんとお母さんはどこか別のところにいて、いつか私を迎えにきてくれる。そんな想像が沢子さんの唯一の慰めだったのだ。

しかし、はったいこ売りのおじさんは、やがて振り向いて、こういうのだった。

「どこの子だ。帰りなさい」

沢子さんは紙芝居のおじさんにも、おまわりさんにも、パン屋さんにもついていったという。もちろん、現実は想像とは違う。沢子さんの両親は血のつながった本当の父母で、誰も迎えにきてくれる人はいなかった。

父親は母親に対しても年じゅう怒鳴り、物を投げるなどを繰り返していた。母親はしばしば家を飛び出し、四国の実家に帰った。子供たちは連れていかない。この間、父親の機嫌はますます悪化し、暴力も振るわれる。小学生の沢子さんは、そのなかで洗濯をし、食事を作り、必死で家事をこなしていた。が、母親の不在が長びくと、姉弟は親戚や知人の家に預けられた。

父親は孤独に弱く、結局いつも母親に頭を下げ、許しを請うのだった。ときには土下座をし、母親の足もとに平伏《ひれふ》す。離婚を口にしていた母親も、それで許してしまう。その繰り返しだった。

いつものように、母親が家出してしばらくたったある日、学校から帰った沢子さんは、玄関を開けるとコーヒーの香りが漂うのに気がついた。前日、父親は迎えに行くといって母親の実家へ向かっていた。居間では、帰ってきた母親が華やいだようすで父親とコーヒーを飲みながら談笑していた。それはいかにも女性的で、父親に乞われることで満足を得たようすだった。

沢子さんの姿に気がつき、母親が「お帰り」といったとき、沢子さんの胸の奥に激しい怒りが湧きあがった。

「いつも子供を棄てて出て行くのに、あの華やいだ顔はなんだ」。そう思って無性に腹が立ったという。

そのときの父と母のようすが、いまだに脳裏にこびりついて離れないと語る。

沢子さんはコーヒーが嫌いで、紅茶しか飲まない。話を聞いて私は、コーヒー嫌いはそのときの記憶が原因なのか、と聞いてみた。沢子さんは目を見開き、初めて気がついたといいながら、眉間に皺《しわ》を寄せた。

「そうかもしれない」

沢子さんは何かを深く考えこんだ。

〈本当の自分は別のところにいる〉

沢子さんにとって一番怖かったのは、父親の機嫌がいいときだった。父親が冗談をいい、皆がそれに合わせる。しかし、ある瞬間、その平和が壊れる。

「調子にのりやがって」

誰かの何かの一言が父親の気分を変えるのだった。そのあとは、いつものような暴力となる。

あまり激しく沢子さんを殴りつけたため、父親の手の骨にひびが入ったことがあった。それ以降、父親は棒やハンガーなどを使うようになった。母親も竹の物差しで殴ることが多かった。

「機嫌が悪いときや殴られているときは、もう何が起きているかはっきりしている。けれど、機嫌のいいときは、いつ機嫌が悪くなるか、常に緊張していなければならない。いつ始まるのかと思うと、怖くて怖くてしょうがない。始まると、むしろほっとした」

暴力が始まると、沢子さんはいつも心を空想の世界に飛ばした。別の自分を造りあげるのだ。ここにいるのは自分じゃない。殴られているのは自分じゃない。これは私じゃない。本当の私は別のところにいる。そう思わなければ、とてもやっていけなかった。

沢子さんはやがて、空想の世界へ自由に行き来するようになった。授業中でも食事中でも、現実の自分とは違う幸せな自分を思い描いて、そのなかに没頭した。

そこでは優しい両親がいて、愛されて褒められて大切にされる。ときには、自分はどこかよその国の王女様で、やがて迎えがくるのだと思う。本当はお金持ちの家の子で、小さいときに誘拐されたのだと考える。本当の両親は必死になって自分を探しており、まもなく見つけてくれるはずだ。もう少しの我慢。

沢子さんは自分の世界に閉じこもっていた。沢子さんにとって人間は恐ろしいものだった。自分を傷つけ、殴り、ののしる存在。一番身近な人間関係がそうであったため、人は皆そういうものだと思っていたのだ。

だから、友達はほとんどいなかった。自分の家のことを人に語ることはなかったし、人の家のこともよくわからなかったから、どこでもおなじようなものだと思っていた。皆が自分とおなじ思いをしていると思っていたのだ。

親の怒りのエネルギーを受けとめなければならない子供たち

沢子さんが思春期になると、母親はもう手を上げなくなった。が、それでも父の暴力から子供をかばおうとすることはなかった。ときには「ほら、だからいったのに」といいながら、冷ややかに眺めていることもあった。

「いい気味だ、という目で、私たちが殴られているのを見ていたこともある。あのときの気持ちよさそうな目は、けっして忘れられない」

と沢子さんはいう。ひとしきりの暴力のあと、母親はこういうこともあった。

「お父さんはとっても苦労してきた人なのよ。かわいそうだと思ってやって」

母親や父親本人から聞いた話をつなぎ合わせると、その半生は苦難に満ちたものだった。

父親の一郎さんは三人兄弟の長男で、一家はある地方都市に暮らしていた。子供たちがまだ幼いときに両親が事業に失敗し、親戚を頼って帰郷することになった。しかし、親戚は軒下を貸しただけで食事も出さず、やがて両親は栄養失調で死亡した。残された三人の子供はそれぞれ養子に出されたが、一郎さんだけが貰《もら》い手《て》がつかず、十歳そこそこで奉公に出されることになった。奉公先は厳しく、いつもおなかを空かせ、睡眠時間も削って働かされたという。

沢子さんはいくども、そのころの苦労話を聞かされた記憶がある。

「腐った飯を食うときには、まず水で洗う。そして茶づけにして流しこむんだ」

奉公先では腐った御飯が当たり前のように出されていたという。一郎さんには多くの口癖《くちぐせ》があった。

「人を信用するな。外には七人の敵がいると思え」

「人に負けたらいかん。知らんことでも知ってるといえ。あとで調べればいいんだ」

「人間、努力と根性だ」

一郎さんはやがてお金を貯め、奉公先を辞めて自分で仕事を始めた。失敗したり成功したりを繰り返し、やがてある会社に就職することで落ち着いた。そのころ、沢子さんの母親と出会い、結婚に至る。母親の和子さんもやはり苦労しており、奉公先で働いている姿を、一郎さんが見初《みそ》めたのだった。

やがて沢子さんが生まれる。このころから、一郎さんは暴力を振るうようになったらしい。

「父は私たち子供に対して、嫉妬《しっと》したんです。両親が揃っていることも家があることも、御飯が普通に食べられることも、ちゃんと学校へ行けることも、何もかも羨ましくて悔しくてしょうがなかったんです。それは、普段の言動や態度でわかりました。なにかというと、おまえたちは恵まれている、といってましたから。それに、母親を盗られたという悔しさもあったんでしょうね。父は自分だけを大切にしてほしかったんです。あの二人は子供をもつべきじゃなかったんです」

沢子さんは分析する。

その生い立ちを知れば、一郎さんの心のなかに大きな怒りのエネルギーが溜まっているだろうことは容易に想像がつく。

死んでしまった両親への怒り、両親を死に追いやった親戚への怒り、誰も引きとってくれなかったことへの怒り、奉公先での残酷な仕打ちに対する怒り。さらに社会に出てからも、一郎さんは多くの怒りを蓄えたはずだ。人を信用せず、誰に対しても戦いを挑む生き方は、多くのストレスを生み出す。とぎれることなく、新しい怒りを蓄えつづけたことだろう。家庭という密室のなかで、それが噴出していたのだと考えることができる。

そして、それを受けとめていたのが、沢子さんと弟だった。

なぜ、人間関係をうまく築けないのか

父親に教えられたとおり、沢子さんは人を信用しなかった。初対面の人でも、とにかく相手をやっつけなければいけないという衝動に駆られた。居丈高《いたけだか》になって相手の短所をつぎつぎについてゆく。相手もむっとして言い返す。すると、ますます攻撃的になり、明らかな戦いへと移行してゆく。

行く先々で、沢子さんは多くの人と戦った。そして、そのたびに思うのだ。ほぅら、やっぱり人は信用してはいけない。沢子さんは長いあいだ、そうして生きつづけてきた。その生き方しか知らなかったのである。

つきあった男性も暴力的な人が多かった。殴られたり、蹴られたりすることもよくあったが、男というのはそんなもの、と思って、別に疑問を感じることもな

かった。殴られても、そのあとで抱きしめられる快感が捨てがたく、男性への執着は常に強かった。沢子さんにとって、セックスが唯一の人とのふれあいであり、大事にされる瞬間だったからだ。

二十代の後半から三十代の初めにかけて、沢子さんは疲れはじめた。なぜ、人とうまくつきあえないのか、沢子さんにはわからない。礼儀作法は完璧だった。それも父親に躾られたものだ。遠慮がちで、大人のような挨拶をし、どこへ出しても恥ずかしくない、という子供に躾られていた。言い方を変えれば、子供らしさというものがまったく許されなかったのだ。しかし、完璧な礼儀、という認識で沢子さんは誇りにしていた。

ある日、知人にいわれた言葉がその認識を変えた。初対面の人に型どおりの丁寧な挨拶をしているのを横で見ていて、その人はいったのだ。

「ぜんぜん心がこもってないね」

沢子さんは驚いた。そんなことをいわれたのは初めてだった。どぎまぎし、心をこめようと試みた。しかし、どうすればいいのかわからない。

そのときに気がついたという。自分は形だけのことなら完璧にできる。でも、心をこめなければならないことは、何ひとつできない。

それでも沢子さんは、いったいどうすればいいのかがわからない。どのようにすれば心がこめられるのか、その方法がわからないのだ。

長いあいだ、ずっと人とおなじようにやっているつもりだったし、普通の人間だと思っていた。人から〝変わっている〟といわれると密かに、腹を立てたものだった。と同時に、自分は人と違う、誰もわかってくれないという思いも抱いていた。しかし、違いの内容を指摘されても、解決法が見つからないのだ。

沢子さんは遊ぶことができない。無理に遊ぼうとしても、楽しいと思えない。そもそも楽しいということがどういうことか、わからない。過去を振り返っても、楽しかった思い出がひとつもないという。

感情を表わすこともできないし、人とうちとけることもできない。どうやら、そういう点が人とは違うらしいということが最近はわかってきた。けれど、どうすれば人とおなじようになれるのか……。

自分を知られるのが怖い自分に気づいて

沢子さんは買い物が大嫌いだという。店の人と言葉を交わすのを、たまらなく苦痛に感じるのだ。自分が何を買うのか、店の人に知られるのも嫌だという。店の人に買うものを知られずに買い物をするのは不可能だから、沢子さんは必要に迫られないと買い物をしない。

やむなく買い物をするときには、沢子さんはなんでも贈り物として包んでもらう。服でも下着でもラッピングをしてもらう。自分で食べるケーキもわざわざ「贈り物だから」と店の人にいう。それを使うのは自分ではない、と自分に思いこませるのだ。

沢子さんにとって買い物は贅沢《ぜいたく》なことであり、罪悪感を感じることだった。「結構なご身分ですな」という父親の顔が浮かんでしまうのである。だから、殴られていたときのように、別の自分を造りあげる。もはや自活して、親からの援助などいっさい受けていなくても、そしてその行動を親が知るはずはなくても、怖いのだという。

本を買うときにも、「これは人にあげるので別の袋に入れて」といったり、「人に頼まれたものですからレシートを別にして」といってしまう。自分の心の問題に関わる内容、自分の気持ちや感情に触れる内容のものは、まるで自分とは関係ないもののように扱ってしまうのだ。レンタル・ビデオ店でも、本当に見たいビデオを借りることができない。そんなビデオを見る、というのを人に知られたくないのだ。

自分を出すということに激しく抵抗を示す。自分自身を、徹底的に人から隠そうとしているように見える。なぜ、そんなにも殻をかぶろうとするのか。

「自分が恥ずかしいから」

沢子さんは、声を落とす。自分は駄目な人間で最低だと、何度もいう。

人間関係に疲れ、仕事にも支障をきたし、自分でもつらい思いが強くなって、沢子さんは今、自分を見つめはじめている。

アダルト・チルドレンという言葉を知ったとき、最初は自分とは関係がないと思っていた。周りにいる何人かがそうだと、彼女は笑いながらいっていたほどだった。

が、やがて人に指摘され、自分もそうなのかもしれないと思いはじめたときに、考え方が変わりはじめた。両親との関係を思い起こし、そのなかで受けとったものを点検してみたのだ。怒りや悲しみが湧きあがり、沢子さんは苦しくなった。それらが、いかに自分を追いつめていたかを知り、悔しさが湧いた。そして、自分を育て直さなければいけない、という気持ちにも駆られた。

「人を信用してみようと思う」

最近、沢子さんはそういうようになった。

実際はそう簡単にはいかず、沢子さんはまだ苦難のなかにいる。自分を普通だと思い、戦いながら生きていたころよりも、今のほうが精神的にはつらいともいう。以前はすべての感情に蓋をしていた状態だった。自分の気持ちと向き合うことなく、目を逸らしていたのである。

現実と直面することはつらさをともなう。しかし、それが回復への第一歩でもあるのだ。

親から子に受け継がれた怒りのエネルギー

暴力は自尊心を傷つける。それが長くつづけば、自尊心はすっかり失われてしまうことになる。自分は価値のある人間だとは思えなくなり、自己評価を低めてゆく。自分を嫌い、大切にすることができない。自分に自信がないから、人に感情や考えを知られたくない、と思う。知られたら否定され、嫌われると思うのだ。沢子さんはとても落ちこみやすい。日頃から気分が不安定で、理由もなく落ちこむことが多い。何もかもが嫌になり、未来には絶望しかないと感じる。こうなると電話にも出なくなり、電源を切ってしまうこともあった。

また、非常に傷つきやすく、怒りっぽい。自分は攻撃的で相手を容赦なく批判するのだが、自分が批判されるととても傷つく。激しく怒りながらも、あとで深く傷つくのだ。ただ、表面的には怒りしか人には見えないので、誤解されるのが常だった。気の強い人、傷つかない人、と思われ、そう思われることでまた、怒り、傷つく。

沢子さんには嫌いな人がいっぱいいる。出会う人のほとんどは嫌いになり、嫌な人だと思う。ある日、テレビを見ていて恋人にいわれたことがある。

「きみはほとんどの人が嫌いで、好きな人がいないんだね」

テレビを見ながら、出てくる人のどこが嫌いか、沢子さんは延々といいつづけていたのだ。恋人にいわれて、沢子さんは初めて気がついたという。

そして、よく考えてみれば、父親もまったくおなじことをしていたのを思い出したのである。ともに、怒りのエネルギーを内に秘め、それをあらゆる人々に向けていたのだ。自分は、あんなに嫌いだった父親に似ている。そう気がついて愕然としたという。結局、その恋人とも長くはつづかなかった。

人は親から多くのことを学び、身につけてゆく。愛情を学べば愛が、憎しみを学べば憎しみが、暴力を学べば暴力が、その人の一部となって身についてしまう。子供は親の真似をしながら育つのだから、これは当然のことともいえよう。いうこと、すること、考え方、物の見方、あらゆる面で影響を免れることはできない。

さらにそこに、親から与えられたものが加わる。

親子の関係は贈り物でいっぱいだ。愛情、信頼、親しみ、尊敬、共感など、ポジティブ（肯定的）なプレゼントもいっぱいある。

しかし、贈り物のなかにはネガティブ（否定的）なものもあり、裏切りや憎しみ、拒否、嫌悪、軽蔑、否定など、重い荷物になるものも含まれる。子供の側からは、それを選別することはできない。貰うときには、いいものか悪いものかもわからず、ただ受けとるしかないのだ。

ときには、親もそれをよい贈り物だと思っていることもある。それが苦痛をともなう荷物だとわかるのは、成長したあとのことだ。

虐待を受けた子は、鎧を身につけ、強さを装う

虐待を受けて育った子供というと、弱々しく痛々しい少年少女のイメージを普通はもつ。愛らしく、抱きしめてあげたくなるような、童話の『家なき子』のようなはかない子供を想像する人が多い。

しかし実際は、こうしたイメージとはかなり違う。

傷ついた子供は、それでも生きてゆかなくてはならない。誰もかばってくれる

人がいない分、自分で鎧を作り、敵を跳ねのけなければならない。これ以上傷つけられないように、叩きのめされないように、敵意を発して自分を守らざるをえない。相手の欠点を見抜く目が鋭くなるし、相手の弱点もすぐにわかるようになる。どうすれば相手が怒るか、傷つくか、逃げてゆくか、その方法を知らず知らずのうちに身につけてしまう。

逆に相手に自分の弱点を知られてはまずいから、自分のことはできるだけ知られないようにしてしまう。何ひとつ弱みなどないように、強さを装い、強そうに振る舞う。本当は普通よりもはるかに弱いのだが、人は見かけに押されて誤解してしまう。

基本的に他人を信用せず、人間は悪意をもった存在だと感じているため、人の助けや行為を疑いやすい。親切を装っているが何か裏があるにちがいない、と思ってしまうのだ。

信用できそうだと思っても、本当にそうなのか、何回も何回もテストをしてしまう。自分が裏切り行為のようなことをして、それでも相手が好意的だと、やっと少しだけ信用する。が、それではまだ納得できずに、またもそれを繰り返す。

やがて相手が疲れてリタイアすると、ほぅらやっぱり信用できないと、抱いていた不信感を強めてしまうのだ。

本当は助けてほしいと思っているときでも、彼らは素直にそれを求めることもできない。拒絶されたときの怖さ、失望感を味わいたくないし、自分は助けを得るに値しないと思っているからだ。それに、そんなことをしたら自分の弱みがつかまれてしまうと思う。自分をさらけ出すことは生命の危機につながると考えてしまうのだ。

長い虐待に晒《さら》された子は、ほとんど表情を失ってしまう。感情に乏しく、喜怒哀楽もはっきりしない。視線を合わせようとせず、どこを見ているのかわからない。

私は以前、フィリピンのマニラにあるNGOの施設を訪れたことがある。家がなく、路上で暮らすストリート・チルドレンの更生施設だ。そこには虐待の深い傷を負った子供たちが大勢いた。

虐待で心が閉ざされると無表情になってゆく

マニラのストリート・チルドレンは、虐待家庭から自ら逃げ出してきた子供たちが多い。貧しさに加え、離婚・再婚が多い複雑な家庭関係も影響しているらしく、暴力、性的虐待、放棄などが五、六歳のころから、あるいはもっと幼いころから行なわれる。たまらなくなって家を逃げ出した子供たちが道端で暮らすようになり、ストリート・チルドレンとなってしまうのだ。なかには親に置き去りにされた子供たちもいる。

彼らのなかには麻薬を常用する子供も多い。

「つらいことが忘れられるから」

わずか十歳前後の子供たちがいう。アルバイトで稼いだお金や、旅行者からせびったお金で麻薬を買ってしまうのだ。十代で中毒者になり、廃人になってゆく。

世界の国々から援助の手が差し延べられているが、そのなかに日本のＮＧＯ団体もあり、更生施設を運営している。子供たちのなかでも更生の意思のある子が、施設に入り、生活を改める。無理に説得して連れてきた子供は、逃げ出して結局、もとに戻ってしまうという。

路上から施設に移ったばかりの子供には、まったくといっていいほど表情がない。話しかけても覗きこんでも目を合わせようとしない。ほとんど反応もなく、取りつく島がない状態だ。痩せた手足を投げ出して、ぼんやりと座りつづける。

そうした子供の一人の横に、私もしばらくぼんやりと座っていた。しばらくすると、横の少年がおずおずと手を伸ばしてきて私の腕に触る。十歳か十一、二歳というところだろうか。

そのままにしておくと、両手を伸ばし、こちらの腕を撫《な》ではじめた。手は二の腕に上り、指にだんだんと力がこめられてゆく。顔をそっと覗きこむが、表情にはまったく変化はなく、話しかけてもまばたきもしない。しかし、手だけは肌のぬくもりを求めてしきりにまさぐりつづける。

私は片方の手で頭を抱き寄せた。髪を撫で、抱きしめてみるが、やはり表情にはなんの変化もない。おそらく親から一度も抱かれたことがないのだろう、そう思わせる子供だった。やがて、ふっと少年は手を離したが、最後の最後まで顔は正面を見つめたままだった。凍りついたような顔だった。

心理学の世界でも〝凍りついた凝視〟という言葉がある。虐待や無視などによって心を閉ざしてしまった子供によく見られる現象だという。無表情で冷たい目をして、一点を凝視したまま反応を見せない。まるで凍りついたように無表情、無反応になってしまうのだ。

おそらく、それが外界から身を守る唯一の術になってしまっているのだろう。

大人になるまでに生きるエネルギーを使い果たして

繰り返し虐待を受けつづけると、性格に偏りが生まれてしまう。そうした偏りや特徴が解消されず、そのまま大人になると、生きるのが難事業になる。それがアダルト・チルドレンだ。これまであげた性格的特徴をあわせもっていたとしたら、苦労が多く、ストレスも強いだろうことは誰でも想像できる。人生は過酷なものとして、その人の前に立ちはだかるだろう。

すでに成長するまでに、アダルト・チルドレンは大きなストレスのなかですごしてきている。過酷な環境というのは、病気や事故、自殺なども誘発する。そのなかで生き延びてきたのだから、立派なサバイバーだ。

アダルト・チルドレンに対して、専門家は二つの意味でサバイバーという言葉を使う。ひとつは今述べたような、物理的に生き残った者としてのサバイバーだ。もうひとつは回復者の意味となる。たとえば、虐待のある家庭で育ちながら、自分は大人になっても虐待者とならなかった、もしくは虐待する人と結婚しなかった。通常、起こりがちな世代間伝達を断ち切った人、という意味だ。

回復者としてのサバイバーになれば、すべての傷は勲章になる。過去の経験を人に話せるようになるし、それが学びの機会となって、今の自分を強くしたのだと誇ることもできる。今はいうのもつらいことや、言葉にはとてもできないと思うことでも、過去の出来事として冷静に見つめられるようになるのだ。

回復へのプロセスについてはまた別の機会に述べるが、現在、進行形で悩んでいる人にとっては、回復の入口に立つということが難しい。「回復なんてありえない」という人々もいる。

アダルト・チルドレンは、大人になるまでにすでに大きな力を使い果たしてしまっている。平和な環境で育てば、余計なエネルギーは使わないですむが、数々の問題やストレスと日々戦いながら育った人は、成人するまでにエネルギーを消耗してしまう。

私たちは普通、疲れたら休んでエネルギー補給をすることができるが、アダルト・チルドレンには休息はない。ただ、ひたすら消耗しつづけるのだ。

疲れやすさ、落ちこみやすさ、物事に対する消極性、行動力のなさ、マイナス思考など、アダルト・チルドレンの問題の多くはエネルギー不足によるものだと考えられる。疲れれば健康な人でも物事が面倒臭くなってくるし、失敗すれば自己嫌悪に陥るのが普通だ。その状態がずっとつづいていたようなものだ。力が削がれると、事態を変えようとするエネルギーも湧いてこなくなってしまう。もっと基本的なところでは、抵抗する力も失われてしまうのだ。

不幸を選んでいるようにさえ見える不可解な行動の底に

暴力に黙って耐えることはない、逃げるか抵抗するかすればいい、と誰でも考える。これは親から暴力を受ける子供だけではなく、夫から暴力を受ける妻にも当てはまる。暴力を振るう夫は英語ではバタラー（打つ人）と呼ばれ、受けるほうの妻や女性はバタード・ワイフ、またはバタード・ウーマンと呼ばれる。

家庭のなかで暴力を受ける被害者は、長年その苦しみに晒されつづけている。そもそも暴力に耐えられない人間であれば、一度か二度の暴力で相手と別れるのが普通だ。健康な心にとっては、暴力は耐えがたい苦痛であり、すぐに拒否し、その状況から逃避すべきものである。

しかし、虐待経験のあるアダルト・チルドレンのように暴力に対して耐性ができてしまっていると、逃げ出すこともなく、そこにとどまってしまう。そして、ただでさえ、基本的なパワーがないのに、ますます力が奪われてしまう。その状況に身を委ねてしまうのだ。

暴力を受けている被害者には、つぎのような疑問がかならず向けられる。なぜ、逃げないのか、抵抗しないのか。特に、子供がひどい虐待を受けているならば、母親が子供をかばったり、夫から連れて逃げるのが当たり前だ、と考える。

私もそうした疑問を抱き、何人かの虐待経験者に質問を向けてみたことがある。

「お父さんの暴力に抵抗はしなかったのですか」

沢子さんは顔をひきつらせていった。

「そんなこと、怖くてできません」

また、やはり父親から殴られつづけたある女性はいった。

「とんでもない。そんなことをしたら、何をされるかわかったもんじゃありません。怖くてできませんよ」

妻である自分と子供を殴る夫。その夫と長年一緒に暮らしていた女性はこう答えた。

「子供をかばうって、そんなことしたって無駄です。ますます荒れ狂うだけですから。私まで殴られるんですよ。怒りだしたらどのくらい怖いか、口でいってもわからないと思います」

暴力を受けつづけた人に抵抗する力は残っていない。恐怖に震えるばかりで、抵抗などそもそも考えたこともない、という。実際、反抗したり抵抗しようとすると、暴力は悪化するし、「逆らいやがって」という言葉とともに増悪《ぞうあく》する口実を与えてしまうようだ。

そもそも暴力の加害者からは逃げるのが一番いいことなのだが、これもまた難しいらしい。

「そんなことをしたって、興信所を使ってでも捜し出されます」

と、ある女性はいっていたが、事実、執拗《しつよう》に追う男性は多い。逃げ出すたびに見つけ出され、連れ戻され、暴力を振るわれる、というパターンは珍しいものではない。

三十代半ばのある女性は、連れ戻されるたびに煙草の火を押しつけられて、火傷の跡だらけになっていた。あげくに強姦状態でセックスを強要され、望まぬ妊娠で人工中絶を行なう、という状態の繰り返しだった。二人の子供は十代の半ばになっており、母親の逃亡を助けてくれる。何回もの逃亡と連れ戻しのあと、この女性は北海道へ逃れ、現在はやっと夫の追跡を断ち切ることができている。

さらに難しいのは、せっかく逃げ出した妻が自分の意思で夫のもとに帰ってしまう、というケースだ。結局、女性の側にも本当に別れる気持ちはなく、

「あの人は私がいないと駄目だから」

などの言葉とともに、よりを戻してしまう。その繰り返しのあげく、ついに夫

の暴力で妻が死に至ってしまったケースもある。

今ではそうした女性のためのシェルターもあり、匿《かくま》って支援してくれるボランティア団体もある。多くの女性や子供がそのような機関を活用するようになれば、問題が深刻化する前に改善策をとれるようになるだろう。

本来は公的機関がもっと活発に行なうべきことだが、なにしろ家庭内の暴力というのはまるで存在しないことのように蓋をされてしまっている。問題が表面化し、皮肉なことに被害の実態が明らかにされないかぎり、公の援助は望めない。

今はとりあえず、逃げ出す力をつけることが先決だ。

アダルト・チルドレンの考え方や行動は理解されにくい。なぜ、そんなことをするのか、そんなことに耐えているのか、もっといい方法を選べないのか、端で見ている人にはまったく納得できない。

わざわざ不幸を選んでいるように見える人もいるし、解決策を自ら封じているように見える人もいる。不毛な関係に執着していたり、自分を粗末にしていたりもする。そんなようすを見て、周囲の人々は〝わけのわからない人〟〝変な人〟といいだす。

アダルト・チルドレンの問題は、その〝わからなさ〟〝複雑さ〟のなかにある。本人にわからないのは当たり前で、なにしろ本人にだってよくわからないのだ。なぜ、苦労ばかりがつづくのか、楽しいことよりもつらいことのほうが多いのか、こんな生き方をしてしまうのか、一番知りたいのは本人である。

今、わかりかけているのは、その問題がどこからきたのか、ということだけで、それを手がかりに、その先に進もうとしているのだ。

第3章

アルコール依存症の親からの「負の贈与」

両親から目を向けてもらえない子供たち

「アダルト・チルドレン」という言葉を生み出したのは、アルコール問題を抱えた家庭だった。一九八〇年代に入ってからのことだ。

かつてはアルコール依存症はその本人だけの問題と考えられ、治療を受けるのは当人だけだった。その当人もたいていは夫であり、父親である男性だった。しかし、セラピストやケースワーカーがその妻に会って話を聞いてみると、妻も心の問題を抱えていることに気づいたのだ。それは単に夫のアルコール依存症に悩んでいるという問題ではない。妻自身も何かがおかしい。彼女たちの行動や生き方は、本人の意思と反して夫のアルコール依存症を支える役目を果たしてしまっている、ということに気がついたのである。

妻は必死になって、夫に飲酒をやめるように説得する。酒の量を制限し、機嫌をとり、あるいは怒り、酒を飲ませないように努める。夫がいうことを聞いて飲酒量を減らしていれば心穏やかでいられるが、酒に溺れた姿を発見すると、たちまち落ちこんでしまう。夫の飲酒問題にエネルギーのほとんどを注ぎこみ、生活を捧げてしまっている。自分を見失い、夫の半身のようになってしまうのだ。

こうした妻のありかたを〝共依存〟と呼ぶ。夫のアルコール依存症という問題に依存してしまっているのだ。

〝共依存〟関係を結んだ妻は、夫のアルコール依存問題がまるで生きがいのようになってしまう。そのため、夫が立ち直ると何をしていいかわからなくなって、鬱病になる人などもいるという。

こうした状態は夫の回復の妨げにもなるし、妻にとっても心の健康を蝕《むしば》むことになる。現在では、こうした妻や家族のための自助グループがあり、〝共依存〟からの回復を助け合っている。

こうした、〝共依存〟関係は親子のあいだでも見られ、別の形のアダルト・チルドレンを生み出す温床となってゆく。〝共依存〟については、あとでさらに詳しく述べたい。

ここで気がつくのは、アルコール問題のある家庭のなかで、子供に目が向けられていないことだ。アルコール依存症の本人は飲酒のことで頭がいっぱいだから、人のことを考える余裕はない。家族に対してもたいした関心はなく、父親であっても父親の役割を果たすことはできない。

また、かつてはアルコール依存症は男性が圧倒的に多かったが、最近では女性も増えつつある。父親だけでなく母親がアルコール依存症である家庭も少なくない。

そうした家庭では、配偶者は依存症である夫や妻の世話にかかりきりになる。関心は配偶者の飲酒問題だけで、子供へはほとんど目が向かない。父親も母親も親としての役割が不完全で、家族の機能がちゃんと果たされない状態になる。

そうした環境のなかで育つと、子供はどうなるのだろうか。心に傷を負い、考え方や性格、行動、習慣などに偏りが生まれる。そして、それを引きずったまま成人する。それがアダルト・チルドレンである。

アルコール依存症は家族の心まで損なう

アルコール依存症がどのようなものか、アルコール依存症の人間に関わる人がどのくらい面倒をかけられるかは、言葉では説明しつくせないものがある。

私も長年の友人Rがアルコール依存症に陥って、入退院を繰り返すようになり、初めて身をもって知った。長期にわたる連続飲酒のあげく、記憶障害を起こし、わけのわからないことを言い出したのだ。何人かで協力し、慌てて入院させることになった。


Rは過去にもアルコールによる幻覚症状を現わしたことがあり、そのときにはこういった。

「玄関に知らない人たちが来て、僕を天才だと褒めるんだ。どうしよう」

普段は落ちこみやすく気も弱いのだが、幻覚や幻聴はどれも能天気なものばかりだったのが不思議だった。普通は、幻聴は本人にとって否定的な内容が多いといわれている。が、彼は窓の下でも人が褒めている、というのである。そのときには入院せずに飲酒をやめ、通院でなんとか立ち直ることができた。


今回はもっと悪化していた。電話で話している親しい人間に向かって、「あなたは誰ですか」と聞くのである。三十分前、十分前の記憶もなくなり、話すことは支離滅裂だ。アルコールは長期の連用によって脳を冒し、アルコール性痴呆を引き起こすこともある。また、身体も確実に蝕み、食道動脈瘤破裂などで死ぬ人も少なくない。

Rは一人暮らしであるから、放っておけば死ぬかもしれない。そういう危機感に襲われ、精神病院を手配することになった。説得し、なだめすかし、なんとか丸めこんで入院させることには成功した。が、実は本人に酒をやめる意思はなかったのである。

アルコール病棟では三カ月の入院プログラムが決められており、その期間は途中で追い出されないかぎり守られる。もっとも、Rの入院中、抜け出して酒を買いこんだり、看護婦に抱きついたりして追い出される人もいたという。ミーティングもあり、いろいろな知識を得る機会も与えられ、酒を断つことの意義を教えられる。

患者は抗酒剤も服用し、酒を断つ方向へと努力を重ねる。抗酒剤はアルコールを受けつけなくする薬で、これを服《の》んで酒を飲むと、体じゅうが拒否反応を起こして、とんでもないことになる。

Rは退院が近づいた外泊の日、抗酒剤を服んでいるにもかかわらず、ビールを飲んだ。酒への誘惑を断ちがたく、家へ帰る途中で缶ビールを買って帰ったのである。玄関を開けて飲みはじめると、たちまち動悸、呼吸困難に襲われ、悶絶《もんぜつ》した。家の廊下に倒れこみ、しばらくそのまま身動きがとれなかったという。

それを知って私たちは愕然とした。せっかく苦労して入院させたのに……。外泊で飲んでしまうほどだから、退院したあとは翌日からまた飲みはじめた。断酒したのにまた飲んでしまうことをスリップするというのだが、一日ももたずにスリップしてしまったのである。

このあとは、とぎれることのない連続飲酒に嵌《は》まりこみ、二週間足らずでまたわけのわからないことをいいはじめる始末だった。これには非常にがっかりする。これまでの苦労はなんだったのだ、と思うとこちらの力が抜けてゆく。おまけにうろたえているのは周囲の人間だけで、本人はけろりとしているのである。周りの人間がどれほどのエネルギーを本人のために使おうと、時間や金銭を費やそうと、まったく気にしていないのだ。

しかし、放置しておけば死ぬのは目に見えている。血を吐きながら酒を飲み、なおかつ死ぬのは怖い、助けてくれという。しかたがないので、今度は別の病院に入院させることになった。出てすぐに戻るのはあまりにも恥ずかしいという理由だ。

ふたたび三カ月間のプログラムを終え、退院にこぎつけた。しかし、今度は退院のその日にスリップしてしまったのである。それを見つめる私たちには、ただ失望感ばかりが湧きあがる。

アルコール依存症者には、何回も入退院を繰り返す人が珍しくない。周りの人間が無理やり入院させても、本人にやめる意思がなければ、また飲んでしまう。アルコール依存症の本人は、好きで酒を飲んでいるのだから別に困りはしないし、苦労しているわけでもない。困って大変な思いをするのは周囲の人間だ。

依存症の人が回復に至るまでには時間がかかる。信用を失い、健康を失い、友人を失い、家族を失い、家や財産を失い、何もかも失ったとき、やっと〝底つき体験〟が訪れる。転回点だ。

もっとも、転回点がどこでくるかは人によって大きく違い、医師や家族の一言で断酒を実行する人もいるという。が、すべてを失ってどん底にまで落ちてから、やっとそれを迎える人々も少なくないのが現実だ。そして、その地点にゆきつく前に、アルコール性認知症や病気で倒れてしまう人もいるという。

アルコール依存症は自分で自覚をもち、回復しようと思わないかぎり、立ち直るのは難しい。家族や周囲の人々がどんなにやめさせようと努力をしても、本人が酒をやめようと思わないかぎり、やめることはできないのだ。

アルコール依存症の人間を家族にもつことは大変なことだ。面倒をかけられ、裏切られ、失望させられ、それを何度も繰り返す。奪われるのは時間や手間だけではない。心まで損なわれてしまうのだ。

依存症の母親と優等生の子供

時夫さんの母親は、彼が物心ついたときからアルコール依存症だった。正確に記憶に残るのは小学生のころからだ。学校から帰ると、台所のテーブルに座って、テレビを見ながら日本酒を飲んでいるのが常だった。眠っているときもあるし、いないこともあったが、会えばいつでも息は酒臭かったという。

母親の恵子さんは飲んでも暴れたり暴力を振るうわけではなく、ただ、ろれつが回らなくなり、足腰が立たなくなるのだった。台所でふらついている母親を、時夫さんは抱きかかえて敷きっぱなしの布団へと連れてゆく。おやつは自分で買ってきて食べ、夕食は父親が戻るのを待って店屋物をとることが多かった。一人っ子だったので遊ぶ相手もなく、ただ、母親の面倒ばかりを見る毎日だった。

父親は普段はおとなしく、母親が泥酔して寝こんでいても何もいわない。が、たまに恵子さんがからみだすと、怒りを爆発させた。声を荒げ、ののしり、水を頭からかけるのだった。時夫さんが慌てて母親の腕をひっぱり、寝室へと連れてゆく。着替えを出し、母親の背中を撫で、なだめる。

やがて母親が横になると、今度は父親のもとに戻り、笑顔を向ける。散らかった床を掃除しながら、父親に冗談を投げかけるのだ。学校であった面白いことや昼間、母親がしたいことなどを話し、父親の心を和ませようと努めた。

学校でのことも母親のことも、作り話を混ぜることも珍しくはなかった。面白い話はそれほど多くはなかったからだ。大きな溜息を落としつづける父親も、やがてすこしずつ表情を和ませてゆくのだった。

時夫さんは家に友達を呼んだことが一度もなかった。自分の母親がよその親とは違うということは薄々わかっていたからだ。そして、それは人には知られてはいけないことだということもわかっていた。

「お母さんは病気で寝てるから」

そういう口実で、友達が家に来たがるのを拒んだ。あまり友達の家に遊びにゆくと自分の家にも呼ばざるをえなくなるような気がして、徐々に人の家に遊びにゆく回数も減っていった。必要以上に人と関わらないようにし、家のなかの秘密が人に知られるのを防いだのだ。

しかし、時夫さんは人づきあいが上手だった。明るく冗談がうまく、しっかりしており、成績もいい。クラス委員にはかならずといっていいほど選ばれたし、人気者で教師からの信頼も厚かった。誰も時夫さんが問題を抱え、心を痛めているなどとは、思いもよらなかったのである。

息子のいい成績が家族の唯一の誇り

恵子さんがなぜアルコール依存症になったのか、時夫さんにはわからない。恵子さんは四人姉弟の下から二番めで、上は姉が二人、下は弟だった。

本人や親戚などから聞いた話をつなぎ合わせると、恵子さんの両親は男の子を望んでいて、三番めの恵子さんが女の子だとわかったときにはひどくがっかりしたという。母親は女の子だったことで親戚からも責められたという。だから、四番めの子が男の子だったときには、ずいぶんと盛大なお祝いがされたということだ。

余計な子供、という思いを恵子さんはずいぶんと早くから抱いたらしい。愛情や関心はみんな下の弟に集まり、すでに上に二人もいる女の子の三番めには、たいした興味も抱かない。家族や姉弟、親戚の態度を、恵子さんは「あなたは余計な子」と語りかけているように感じたのだろう。加えて男の子を期待していたという話を聞き、恵子さんはずいぶんと傷ついたと、これは本人の口から時夫さんに語られている。

おそらく、そうした満たされない家庭から早く抜け出し、自分の家庭が欲しかったのだろう。恵子さんは高校卒業後、就職した職場の男性と二十歳そこそこで結婚した。それが時夫さんの父親だ。

結婚生活は最初はうまくいっていたが、やがて父親の仕事が忙しくなり、残業が増えるにつれて隙間が生じはじめた。そのころ、時夫さんを妊娠、出産したのだが、子育ての最中から少しずつ情緒が不安定になっていったらしい。しばらくして、父親が気がついたときには、恵子さんの飲酒は習慣化していたという。

時夫さんにとって耐えがたかったのは、父親が母親の親戚に責められることだった。恵子さんの姉弟や両親は、アルコール依存症になった原因は父親にあるといいつづけていた。夫がよくないから妻がこんなふうになるんだと、ことあるごとにいわれるのである。父親は言い返すこともせず、うつむいてしまう。母親はこのやりとりを聞くと、耳を塞いで布団に潜りこんでしまう。時夫さんは二人のあいだを行き来し、ただ、黙って親戚を睨みつけた。時夫さんは、母親の親戚が嫌いだった。

親戚が帰ったあとは、時夫さんはいつもより元気に振る舞った。洒落《しゃれ》や冗談をつぎつぎに発し、暗く沈んだ雰囲気を明るくしようとした。それが成功して場が和むこともあったし、逆に親の神経を逆立て、怒りを誘うこともあった。しかし、時夫さんにはそれ以外、なす術《すべ》がなかったのである。

時夫さんは熱心に勉強した。いい成績をとれば親は喜んだし、褒めてくれた。母親はあまり関心を示さなかったが、父親はずいぶんと喜んだ。母親の親戚に対しても、時夫さんの成績を話題にするときだけは胸を張るのだった。やがて国立大学に受かり、時夫さんと父は手を取って喜び合った。

時夫さんは大学に入ってからも明るく人気者だった。だが、そのころから、疲れや落ちこむ気分を感じるようにもなっていた。

時夫さんは何をいわれても怒らず、明るく受け流す。そのうち、何も感じない奴といわれはじめ、口の悪い友人がきついことをずけずけというようになった。それでも、時夫さんは笑ってかわし、気にもとめていないように振る舞っていた。

本当は時夫さんは傷ついていた。実は小さなことにも傷つき、気になり、家に帰れば落ちこんだり考えこんだりしてしまう。が、それを人に見せることはできなかった。いつでも明るく振る舞うことが身につき、それ以外に振る舞う方法を知らなかったのである。また、暗い自分を知られるのが怖いとも感じていた。

「自分じゃない自分」から「本当の自分」への道

時夫さんは自分でも酒を飲むようになっていた。飲みはじめると朝まで飲みつづけることもあり、記憶が抜けることもあった。飲むと決まって馬鹿騒ぎをし、翌日は二日酔いになる。同時にひどく落ちこみ、自己嫌悪や後悔、恥ずかしさや自分への怒りなどに襲われた。

時夫さんは本当は、自分が嫌で嫌でたまらなかった。明るく振る舞ってはいても、胸のなかではいつも冷めている自分がいて、心から楽しんでいるわけではない。自分ではない自分が勝手にはしゃいで笑っているように感じていた。

こんなのは本当の自分じゃない、そう感じても本当の自分はどこにいるのかわからない。居場所のないような落ち着きのなさを、心の奥でいつも感じていた。

卒業後、世間に名の知れた会社に就職した時夫さんは、真面目に仕事を身につけていった。しかし、漠然とした居心地の悪さ、落ち着かなさは変わらず、顔では笑いながらも苦痛を感じていた。酒量はますます増え、このままでは母親とおなじになってしまうのではないかという不安もしばしばよぎる。胃の具合も悪く、いっそ会社を辞めようかとも考えるようになっていた。

そんな時夫さんが変わったのは、あるセミナーがきっかけだった。会社の先輩から誘われ、当時はやっていた自己啓発セミナーに入会したのである。最初は抵抗があったが、何か心に触れるものがあったのと、その先輩の人柄と積極性に以前から魅かれていたからだった。

アメリカが発祥のこの形式のセミナーは、今から数年前までは需要もあり、いくつもの会社がセミナーを行なっていた。世間からは洗脳、マインド・コントロールといわれ、マスコミで叩かれたこともある。

実際、やり方や内容などで問題も起きていた。金額の高さ、強引な勧誘、偏った考え方などが指摘されていた。また、精神的ショックを与える手法が用いられることもあり、それによって神経症状が悪化する人もあった。

また、本質的な解決にはならず、問題がすり替わるだけだった人も少なからずいた。依存心の強い人はそれまで依存していたものから、対象がセミナーそのもの、あるいは指導するトレーナーに移るだけ、ということも起こった。優等生タイプの〝いい子〟は、親や学校の指導に従っていたのが、今度はセミナーの指示に従うようになっただけ、というケースもあった。

当時、私は取材で何人ものセミナー経験者に会ったが、彼らの語る成果はさまざまだった。そのころはまだアダルト・チルドレンという言葉はなかったが、セミナーには今でいう、アダルト・チルドレンがずいぶんといたように思う。

しかし、なかにはちゃんとした成果を得て、回復に役立てていた人々もいた。セミナーではありのままの自分をさらけ出すこと、自分を飾らずに語ること、皆と話を分かち合うこと、自分の心の問題に気づくこと、などが指導される。そして、問題や経験に対して肯定的な意味づけを行なう。傷ついた経験でも、それは学びのために必要であった、というように前向きにとらえ直すのである。

自分の心の問題に気づき、ありのままの自分を受け入れること、そして、低い自己評価を改め、自信をもつことが勧められるのだ。そこから新たな人間関係を築き、本当の自分を取り戻す、というのが主なプログラムだ。

こうした方法は、現代の精神療法で行なわれているものと、一致する部分も多い。適切な指導者がいて、正確に行なえば、そうしたセミナーでも効果は得られる。自分を取り戻した、という人も多かった。時夫さんも、その一人だったのである。二年以上の月日がかかったが、徐々に時夫さんは心を開く方法を学んだという。

時夫さんはセミナーで初めて、母親がアルコール依存症であることを話し、家庭のなかの秘密、自分の心の葛藤も人に話したのである。恐れていたように非難する人はおらず、逆に共感が得られ、おなじ境遇をもつ人とも知り合えた。安心して自分をさらけ出すことができ、やっと自分の居場所を得た気持ちだったという。

時夫さんは無理をしていた自分に気づき、必要以上に明るく振る舞うことをやめた。落ちこんでいるときにはそれを隠すこともやめ、人のために冗談をいうこともやめた。より自然な自分を取り戻そうと努め、自分の気持ちを大切にすることを覚えた。そうなると、生きるのが前よりもずっと楽になっていった。

時夫さんはやがて会社を辞め、関心のあった流通業界へ転職した。その仕事は面白くて、初めて楽しさというものがわかったという。いまだについウケを狙ってしまう癖や、小さなことを気にするのは変わらないが、前のように自己嫌悪に落ちこむことはなくなったということだ。

アメリカの大統領はアダルト・チルドレンだった

アダルト・チルドレンには、時夫さんのようなタイプも多い。生活破綻や問題行動などのマイナス面を多くもつ人よりも、しっかりした優等生で、人からの評価も高い、というプラス面をもつ人のほうが、数字的には多いともいわれている。しっかり者のリーダータイプには社会的に成功する人も多く、アメリカでは故レーガン元大統領やビル・クリントン元大統領などがそうだ。彼らの父親はアルコール依存症で、レーガンもクリントンも子供のころからしっかり者で家族を支えていたのである。

クリントンは自らインタビューでそれを告白し、自分がアダルト・チャイルドであることを認めているが、レーガンは公には認めていなかった。それを公表したのは、娘のパティ・デイビス（デイビスはペンネーム）だ。

レーガンは典型的なアダルト・チャイルドだったが、本人はアルコールに溺れることはなく、かわりに政治と野心に没頭した。その妻であったナンシー・レーガンは幼少期を複雑な家庭ですごしており、ファースト・レディであったころはずっと薬物中毒だった。ナンシーは娘のパティが幼いころから虐待をするようになり、パティもやがて薬物中毒になっている。そうした状況は、作家となったパティが『わが娘を愛せなかった大統領へ』（玉置悟訳・KKベストセラーズ刊）に記している。

レーガンやクリントンのようなタイプは〝ヒーロー型〟と呼ばれる。アメリカの家族療法家クラウディア・ブラックらが、アダルト・チルドレンを六つのタイプに分けたものだ。

一番めがヒーロー型で、これは〝責任をとる役〟といわれる。兄弟の長男や長女に多く、しっかりしていて家族の面倒をよく見、親のかわりを果たすようなタイプだ。しかし、このタイプは途中で力つきてしまい、成人までつづかない人が多い。つづくと、社会的成功者になりうる人々だ。

ほかには何が起きていても動揺しない〝順応タイプ〟、状況を素早く読み取って修復しようとする〝慰め役〟、おとなしく目立たない〝忘れられた子〟、おどけて場を和ませようとする〝道化役〟などがある。最後のひとつが〝スケープゴート〟だ。

〝スケープゴート〟は自らが身代わりになるタイプで、家族が崩壊や別離の危機などに直面しそうになると、非行に走ったり、事故を起こしたり、病気になったりして注意を自分に集める。その問題のためにとりあえず家族は結束しなければならなくなり、危機をやりすごすことになるのだ。家族の絆を取り戻させる役割を果たす。こうした行動は、本人が無意識にやっている場合も多い。

問題行動を起こすのはこの〝スケープゴート〟のタイプだけで、その他のタイプは〝いい子〟として人から評価される。アダルト・チルドレンの多数派だ。

兄弟が多いとそのなかで以上のような役割分担ができあがる、とブラックらは指摘するが、実際はいくつもの役割が複合することも認められている。現代の日本の場合には一人っ子や二人兄弟というケースが多いから、特に一人でいくつもの役割を果たすことが多くなる。消耗するエネルギー量も多くなるから、早くに力つきてしまう人も出てくる。

いい子、いい人の外壁にひびが入ると、内側に潜んでいたネガティブな部分が顔を現わしてくる。落ちこんだり、やけになったり、怒りにかられたり、物や人への依存が現われてきたりする。勉強や仕事を放り出したり、生活が目茶苦茶になってしまうこともある。無理を重ねてきた自分が崩れ去り、抑えこんでいた自分が現われるのだ。

が、こちらのほうが〝いい子〟だった自分よりも、むしろ本当の自分に近いといえるだろう。

アルコール依存症の親から子へ引き継がれる呪縛

思春期までは〝いい子〟として頑張ってきたけれど、それ以降頑張れなくなった、というアダルト・チルドレンは多い。本人もやがてアルコール依存症になってしまうというケースも珍しくない。また、女性の場合はアルコール依存症の男性と結婚する確率も高い。

自分の生まれた家庭のなかでアルコール依存症の親の面倒を見て育つと、その役割が身についてしまい、そこから抜け出せなくなることがある。その役割こそが自分の居場所となってしまい、居心地がよく、落ち着く、あるいは自分にとって相応《ふさわ》しいと感じてしまうのだ。アルコール依存症タイプの人を見ると、無意識のうちに心が魅かれ、恋愛感情が芽生えてしまう。

虐待を受けた経験をもつ人がやはり虐待するタイプの人に魅かれる、というのもおなじだが、人は学んだパターンを繰り返すものらしい。

親が暴力を振るう人でも、アルコール依存症でも、子供にとっては愛情の対象であることにはかわりがない。どんなに怒りや恐れを感じたとしても、愛情も同時にもちつづける。

むしろ、親の愛情が十分でなかった人ほど、満たされない飢餓感によるものなのか、親への愛着や執着も強い。他人にも親的なものを求めようとするし、親と似たタイプを好きになる人もいる。その親子関係のなかの愛情のパターンを、人は無意識に繰り返そうとするのだ。

そもそも恋愛感情というのは、本人にもよくわからないものだ。なぜ、その人を好きになったのか、他の人ではなく、選りにもよってなぜその人なのか、どこに魅かれたのか、それらは人に聞かれても説明できないことが多い。厄介な人だと思いながらも、魅かれてしまうこともある。理屈ではなく、恋愛感情は感覚で呼び起こされるものだといっていいだろう。恋には雰囲気やしぐさ、声などが大きな要素になる。自分が馴れ親しんだもの、愛情が条件反射のように湧いてしまう何かに、衝《つ》き動かされるのだ。

親とおなじように心弱く、酒に溺れ、自分をたいして愛してくれない男性を好きになってしまい、親にしたのとおなじように面倒を見る女性たちがいる。親とおなじように自分を殴るのに、それでも一緒に暮らしつづける女性たちもいる。なかばうんざりすることがあっても、見捨てることはできずに、いつまでも面倒を見つづけてしまう。

なかには、知り合い、結婚したときにはアルコール依存症などではなかったのに、何年もたったあとに依存症になってしまった、というケースもある。また、依存症の男性とやっと離婚したのに、また依存症の男性と結婚してしまう、という女性もいる。それを三回、四回繰り返す人もいるのだ。

そういう人々は、出会った瞬間、たがいに魅かれ合ってしまうという。大勢のなかで、なぜかその二人が引きつけられてしまう〝運命の赤い糸〟のような感覚をもつ人も少なくない。まるで匂いで嗅ぎわけるかのように、相手を見つけ出してしまうのだ。

アダルト・チルドレンは、この呪縛を引きずりつづける。それが育った家庭のなかで知らず知らずのうちに編まれた鎖であることに気づかずに、それに縛られたまま生きる。そうした呪縛はほとんどの場合、失敗や苦労を招き寄せるものでしかないのだが、そのメカニズムに気づかずにいる。

その呪縛を断ち切ったときに初めて回復が得られ、自分自身で人生を選択してゆくことができるようになるのだ。

本来の自分がない親は人の人生にしがみつく

親の面倒を見て育ったアダルト・チルドレンは、結婚すると〝共依存〟関係を築きやすい。

〝共依存〟という言葉は何を意味するのかわかりにくいが、これは英語のco（共に）-depen- dence（依存）を訳したものだ。すでに述べたように、アメリカの医療現場でアルコール依存症の妻たちに対して冠せられた言葉だ。

〝共依存〟における依存は、夫婦が独立した人間どうしとして頼り合うような依存ではない。アルコールや薬物に依存するような、健康的ではない依存だ。

依存症者は、依存する対象がなければ自分を支えることができず、それなくしてはいられなくなる人々だ。〝共依存〟もおなじように、妻や夫、子供などの〝人〟に対して依存する、いわゆる人に対する依存症であると私は考える。

アルコール依存症者の妻の多くは、夫のアルコール依存症のことで頭がいっぱいになる。夫の酒量を抑えたり、面倒を見ることが生きがいになってしまうのだ。そうして面倒を見てくれる人がいると、夫は安心してアルコールにのめりこむ。コントロールされ、酒量もある程度に抑えられるから、どん底にまでは落ちない。〝底つき体験〟をするところまで追いこまれないので、本人もなかなか回復を目指す意思をもたない。結局、ずるずるとアルコール依存症がつづいてしまうことになる。

しかし、この状態が〝共依存〟の妻にとっては必要なもので、「この人は私がいなければ駄目になる」という思いが彼女を支えるのだ。自分はある人にとって必要な存在であるという思いが、〝共依存〟の人にとっては必要なのだ。そこに自分の居場所を求めるのである。もともと自分に自信のない人でもあるから、他人から必要とされるということで、やっと自分の価値を見出すのである。

だから、アルコール依存症の夫が回復すると、〝共依存〟の妻は途方に暮れる。夫が健康になり、仕事をし、もう今までのように妻の助けを必要としなくなると、妻はどうしていいかわからなくなる。夫の回復とともに妻の具合が悪くなる、という現象も、珍しいこととしてではなく報告されている。

現在はアルコール依存症の人々のためにはＡＡ（アルコホーリクス・アノニマス――無名のアルコール依存症者たち）と呼ばれる自助グループや日本で生まれた断酒会などがあり、断酒のための助け合いをしている。また、アルコール依存症の家族のための自助グループ・アラノンもあって、〝共依存〟についての理解や回復を支え合っている。

〝共依存〟の人は自分自身というものがなく、常に人によって生き、人のために生きる。自分が空っぽであるので楽しそうではないし、生き生きとした感情もない。日本の昔からの良妻賢母に多いタイプだ。親のいうことに従い、夫につくし、子供の世話にかかりきりになる。

子供に〝共依存〟している人はとても多い。子供の成長や成績などが生きがいになっており、人生そのものにすらなっている。「あなたのためを思って……」という言葉とともに、子供の人生を支配しようとする。こうした親子関係で育つと、子供はアダルト・チルドレンになりやすい。この関係についてはつぎの章で述べたい。

事実を事実として認めなければ呪縛から抜けられない

〝共依存〟の人は、自分が〝共依存〟の人間であるという自覚があまりない。〝共依存〟という言葉の内容がわかりにくいのも原因のひとつかもしれないが、どうもそれだけではないようだ。言葉の説明を受けても人ごとのように感じるらしい。アラノンに通うある女性はいった。

「〝共依存〟の人って多いのよ。でも、みんな無意識にやってるからわからないのね。あれは治すのが大変だと思うわ」

人ごとのようにいうし、本人は本当に人ごとだと思っているようだった。しかし、端から見れば、その人は立派な〝共依存〟であり、夫の主治医もそれを指摘していた。本人がそれを認めていないだけである。繰り返し指摘されて、やっと認めることができるようになる人も多い。

これはアルコール依存症にも見られる現象で、依存症の本人や家族はそれを認めようとしないこともある。たとえ、入院しても、なおかつ自分はみんなと違う、たまたま状態が悪化してしまっただけで、本当は周りの入院患者とは違う人間なんだ、と考えていることもある。また、家族がそう思っていることもある。もちろん、客観的に見たら、違いは見つからないし、そうした思いこみには誰も同意しない。

入院しない場合には、さらにその思いこみは強くなる可能性が高い。本人も家族もアルコール依存症だとは断じて疑わず、人が「アル中」などといったら怒りだす。子供にしても「ただ、ちょっと酒が好きなだけだ」といって親を弁護する。他人が見たら十分依存症に見える人でも、家族はけっしてそう思っていないケースが多い。

自分の親がアルコール依存症だと思わなければ、当然、自分をアダルト・チャイルドだとも思わない。たとえ、心や行動に問題があったとしても、それを親のアルコール依存と関連づけて考えることはしない。アダルト・チルドレンが自己申告によるものだと考えれば、自覚がない人はアダルト・チルドレンではないということになるのだが、自覚をもたないことによって、回復のチャンスも得られないことになる。

アダルト・チルドレンの回復には、まず気づきが大前提にある。自分には問題があり、それは家庭から生まれたものだということへの気づきだ。そして、そのあと、カミングアウトすることが重要な役割を果たす。

同性愛者がそれを告白することから生まれた「カミングアウト」という言葉は、今ではより広い場で使われている。アダルト・チルドレンが自分の問題、家族の問題を人に話すのも、効果の大きいカミングアウトだ。

アダルト・チルドレンは、家庭内の問題を隠す。親が人に話すなというし、長年そういう暗黙の決まりのなかで生きつづけたために、隠すことが当たり前になってしまう。

しかし、家庭内の問題は内に秘めているかぎり、世代を超えて伝わりつづける。自分もその呪縛から出ることはできない。カミングアウトは、その呪縛から離れるための足がかりになるのだ。アメリカの臨床心理学者のH・L・グラヴィッツらは、カミングアウトを〝独立宣言〟といっている。

カミングアウトは勇気のいる行為だ。そして、つらい現実を自覚して、認めることにも勇気が必要だ。だが、この最初の勇気をもてば、回復への道につながるのである。

アダルト・チルドレンの十三の特徴

アダルト・チルドレンは心にいくつもの傷を負っている。それは性格に影響をおよぼし、生き方にも現われる。

アメリカのジャネット・ウォイティッツは『アダルト・チルドレン・オブ・アルコホリックス』という本のなかで、アダルト・チルドレンが特徴的にもつ十三の傾向をあげている。それはつぎのようなものだ。

一、アダルト・チルドレンは何が正常かを推測、（傍点筆者）する（「これでいい」との確信がもてない）。
二、アダルト・チルドレンは物事を最初から最後までやりとげることが困難である。
三、アダルト・チルドレンは本当のことをいったほうが楽なときでも嘘をつく。
四、アダルト・チルドレンは情け容赦なく自分に批判を下す。
五、アダルト・チルドレンは楽しむことがなかなかできない。
六、アダルト・チルドレンは真面目すぎる。
七、アダルト・チルドレンは親密な関係をもつことが難しい。
八、アダルト・チルドレンは自分にコントロールできないと思われる変化に過剰に反応する。
九、アダルト・チルドレンは他人からの肯定や受け入れを常に求める。
十、アダルト・チルドレンは他人は自分と違うといつも考えている。
十一、アダルト・チルドレンは常に責任をとりすぎるか、責任をとらなすぎるかである。

十二、アダルト・チルドレンは過剰に忠実である。無価値なものとわかっていてもこだわりつづける。

十三、アダルト・チルドレンは衝動的である。他の行動が可能であると考えずにひとつのことに自らを閉じこめる。

（『アダルト・チルドレンと家族』斎藤学著・学陽書房刊より）

これはアルコール依存症の親のもとで育ったアダルト・チルドレンについていっているものだが、機能不全家族によるアダルト・チルドレンにも当てはまるものが多い。すべての人がこれらの特徴をもっているわけではないが、このなかのいくつかを多くの人はもつ。

一番め「何が正しいのか確信をもてない」、四番め「情け容赦なく自分に批判を下す」、六番め「真面目すぎる」、十二番め「忠実すぎる」などは「周囲の期待を予測し、それにそおうとする生き方」によるものであると、斎藤学医師は解説している。また、これらは他のアダルト・チルドレン全般に共通するものであるともいう。

こうした特徴は、本人はあまり自覚してないのではないかと感じることが多い。本人にとってはこうした特徴は深く浸透しており、意識的に行なうことではない。無意識にやっていることであり、本人にとっては自然なこと、あるいはそれしかやりようのないことなのだ。

身近な友人や知人としてつきあっていると、これらの特徴をアダルト・チルドレンはみごとにもっていることを実感する。しかし、それを指摘しても、本人は意外な顔をするのだ。

「みんな、そうなんじゃないの？」

問い返されて、今度はこちらが驚く番になる。

真面目すぎる完璧主義が挫折を生み出す

類は友を呼ぶ、という言葉があるが、AC（アダルト・チルドレン）はACを呼ぶとでもいうのか、昔から私の周りはアダルト・チルドレンばかりだった。私自身が明確なアダルト・チャイルドであるから、心に傷をもつ者どうしは敏感に仲間を嗅ぎ分けるのだろう。そして、話してみて、共感し合えること、理解し合えることを感じとり、関係が深まってゆくのだ。

友人や知人としてアダルト・チルドレンとつきあっていると、ウォイティッツのあげた十三の特徴というのはよくわかる。

私自身も九、十、十二などの特徴を強くもっていたが、どの特徴をもつかは人によって違う。自分と違う特徴をもつ人には、やはり驚きを感じる。これらの特徴は、問題をもたない人、また、アダルト・チルドレンでない健康な人には、なぜ、そうなるのかわからないと思う。

物事をやりとげることができない、ということがどういうことなのか、これは私にはわからなかった。しかし、あるアダルト・チャイルドとつきあっているうちに納得せざるをえなかった。

その女性Cは、仕事を年じゅうすっぽかす。フリーライターで雑誌などの原稿を引き受けるのだが、締め切りまでにあげることができない。相手から催促されると、母親が死んだなどの嘘をいって、資料を送り返して姿をくらましてしまう。

家族や親戚をいったい何度殺したのか、尋ねてみたが、覚えていないということだった。

客観的に見れば、物理的にも内容的にもけっしてできない仕事とは思えない。彼女にはそのくらいの実力はあると思うのだが、なぜ、なしとげることができないのか。ずいぶん長いあいだ、私は疑問に感じていた。

納得したのは、このアダルト・チルドレンの特徴を読んでからだった。Cは家庭内にアルコールと暴力の問題があったアダルト・チャイルドだった。十三の特徴のほとんどをもっているといっても過言ではない。親が死んだと嘘をいってしまうのも、そのなかのひとつだ。

接していてわかったことだが、彼女は仕事をして、それがどう評価されるのかが怖いのである。駄目といわれるのがたまらなく怖く、そのプレッシャーに負けて、仕事が進まなくなってしまうらしい。緊張し、それで硬直してしまうのだ。

アダルト・チルドレンは完璧主義者であるから、いいかげんとか、ほどほどということができない。〝オール・オア・ナッシング〟の呪縛にもとらわれているので、オール（完璧）でなければ意味も価値もないと感じてしまうのだ。が、はたして自分がそれだけの評価を得られるかどうかわからない。怖い。

アダルト・チルドレンは、批判に非常に敏感だ。駄目だといわれたら、それは生きている価値がないといわれることとおなじなのである。仕事に対する批判でも、ささいな注意事項でも、アダルト・チルドレンは人格に対する否定と受けとってしまう。

さらに、自分は何をやってもかならず失敗する、という思いこみもある。仕事をして相手に渡したら、きっと駄目だといわれる。駄目だといわれるくらいなら、どうせ失敗するのなら、やらないほうがいい。その考え方が、途中放棄につながってしまうのである。

真面目すぎる、という特徴もこの完璧主義から生まれる。また、責任をとりすぎるか、とらなすぎるか、という特徴、過剰に忠実、衝動的などの特徴にもつながってゆく。これらの特徴については、さらに紙数を重ねたい。

第4章

普通の家庭にも育つ
アダルト・チルドレンの芽

〝いい御家庭〟の〝いい子〟の苦しみ

アルコール問題や虐待のある家庭の出来事は比較的わかりやすい。そうした家庭のなかで子供たちは深い心の傷を負うであろうこと、影響を受けるであろうことは本人にとっても他者にとっても想像がつく。しかし、そのようなはっきりした問題がなくても、アダルト・チルドレンは生まれる。

アルコール依存症でもなく、暴力を振るうわけでもないごく普通の父親。おなじく、特に問題をもつわけでもないごく普通の母親。世間から〝いい御家庭〟といわれる家庭で、子供も〝いい子〟といわれる。それが、いつしか、子供は苦しさを感じるようになってゆく。

専門家の見方や統計上はどうであるのかわからないが、私の取材した範囲では、普通の家庭で育った人の場合、思春期に大きな問題を起こす人はあまりいない。せいぜい夜遊びや喫煙、飲酒、あるいは登校拒否や摂食障害などで、暴力や犯罪などの大きな逸脱行動を起こす人は少ないように思う。むしろ、ごく無難に学生時代をすごし、成人し、就職し、結婚してゆく。そして、そのあとに問題にぶつかるのだ。

今まで大きな失敗や問題に直面したことのない人が、自分自身の家庭生活のなかで初めて危機にぶつかる。配偶者との不仲、子供の非行や問題行動などが起き、そこで初めて人生に挫折を感じる人などもいる。

普通の家庭で育った人は、家庭のなかに問題があったとは思わないし、自分にも当然問題があるとは思わない。それを自覚することがないから、成長の過程も無難にすごしてしまう。問題行動や非行は自己表現のひとつであるが、自分に問題があると感じていなければ自己表現をする必要にも駆られない。〝いい子〟から〝いい大人〟へと速やかに移行してゆく。

しかし、問題がまったくなかったわけではなく、実は見えにくいところで、密かに積もっていた、という場合もあるのだ。

アルコール依存症や暴力を振るう親であれば、親を否定したり、反発することもできる。少なくとも親に問題があることは子供でもわかる。だが、親にそうした問題がない場合は、親を否定する材料が見つからない。親に問題があるとは思わないのが普通だ。親に怒られても自分が悪いと思うし、言い返すこともなく、うつむいてしまう。反抗するという発想すら浮かばない、という人も珍しくない。

実際は完璧な人間などいない。世間的には問題のない、申し分のない親でも、それぞれの個性があり、そこには欠点もある。ただ、子供にとって親はあまり人と比べる機会がないし、親の短所を認識するにも時間がかかる。それどころか、親を否定するということをタブーと感じる人もいる。

もともと儒教の教えの名残《なごり》で、日本では親の命令には服従するということが美徳とされていた。親に向かって口応えをすることは言語道断であったし、そんなことをしたら昔は殴られても不思議はなかった。親は無条件に敬わなければならない存在だったのだ。

この風潮はいまだに残っていて、「親に向かって」という言葉は十分に現役だ。この方針で育てられると、子供は親のいうことを聞かざるをえないし、はむかうという機能が奪われてしまう。親への反感は抑圧され、胸の奥底に沈んでしまうのだ。

抑圧されたとしても、それはなくなることではない。反発や不満、悲しみや怒りなどの否定的な感情は、抑圧されても心の奥にちゃんと存在しつづけるのだ。そして、それはやがて、なんらかの形で表に現われてくる。

否定的な感情を抑えつづけると、いつか問題が起こる

否定的な感情というのは、生きるのに都合が悪い。怒りを感じたとしても、それを表現すると人間関係が危うくなる。相手に嫌われたくないとしたら、それは表現しないで呑みこんでしまったほうが楽だ。反発を感じたとしても、相手が悪いと思ったとしても、そんな気持ちは押し殺して笑ったほうがうまくいく。少なくとも表面上、短期的には無難にやりすごすことができる。

否定的な感情を上手に表現するのは、かなりの高等技術だ。相手を傷つけず、プライドを損なうことなく、自己弁護できる余地をちゃんと残しながら、こちらの気持ちを伝えるということは難しい。だいたいは相手を追いつめてしまうし、自尊心を破壊するようなことをいってしまう。こちらが感情をコントロールできなくなってしまうからだ。

感情をそのままぶつければ、傷つけるような表現になるのが普通だ。相手を傷つければ、それによって自分も傷つく。感情的な喧嘩をしたあとには、もう人とつきあうのは嫌だ、山奥にこもってしまおうと思ったりもする。自己嫌悪に駆られ、落ちこんでしまう。

こうした結果になるのは、自己表現が下手で情緒的に未熟なせいだが、ほとんどの人間は自己表現が上手ではないともいえる。情緒的に成熟している人もあまり多いとは思えない。否定的な感情をうまく相手に伝えられる人よりも、そうできない人のほうが多い。

普通の人々でもそうなのだから、アダルト・チルドレンはいっそう不器用なのもうなずける。もし、自己表現などが上手にできるようになれば、アダルト・チルドレンからの回復にもつながるのだ。

自己表現は普通の人でも難しいことだが、アダルト・チルドレンにとってはもっと難しい。それがアダルト・チルドレンの特徴でもあるし、そういう性質だからアダルト・チルドレンになったともいえる。そもそも自己表現以前の自分の感情の自覚の段階で、すでに抑圧が起きる。

否定的な感情は、もちつづけていると問題が起きる。消化器系の病気や頭痛、不眠などの症状として現われることもあるし、鬱状態や怒りっぽさなどの精神症状として現われる場合もある。また、過食や拒食などの摂食障害や、アルコールや薬物への依存、ギャンブル依存や買い物依存などの依存症状として現われる場合もある。

そうして、問題が表面化したとき、初めて、本人も自分に何か問題があるのだということを自覚するのだ。同時に、それは周囲の人々への表現にもなる。

こうした症状として現われなくても、行動や考え方の偏りとして現われることもある。性格や生き方になってしまうと自覚しにくいが、それが対人関係のトラブルとなったときに、はっきりとする。妻や夫、恋人などのパートナーとの破綻、そして、子供の問題だ。

アダルト・チルドレンのなかには、子供が問題を起こして、初めて自分の問題に気がついたという人々もいる。

夫婦間のセックスを家庭内強姦と感じてしまう妻

純子さんには、中学二年生の長男と小学五年生の長女の二人の子供がいた。夫はサラリーマンで、純子さんは専業主婦のかたわら、趣味で油絵のサークルに所属し、絵を描きつづけていた。ごく普通の家庭であったが、夏休みが終わった二学期から、長男が学校へ行かなくなってしまったのである。

最初は腹痛を訴えて休んでいたのだが、いつまでたっても治ったとはいわず、登校しようとしない。病院へ行っても異常なしの診断がなされ、神経性だと指摘された。薬を出されたが、長男はまともに服もうとせず、部屋に閉じこもって出ようとしない。いじめられているのではないかと学校に問い合わせてみたが、そのような事実は認められず、子供自身もそれは否定した。原因もわからず、純子さんは途方に暮れた。

やがて担任の教師から児童相談所を紹介され、外に出ようとしない長男を置いて、純子さんは一人で訪れた。相談員に家庭の状況や夫婦の仲を尋ねられ、純子さんは黙りこんでしまった。夫婦の仲は、もうはるか以前から冷えきっていたからだ。そんなプライベートなことを人に話す気にはならず、純子さんは児童相談所へ行くのをやめた。

純子さんは日頃から「子供は強姦でできた」といっていた。夫の子供であることは間違いがないのだが、夫から強姦されたというのが純子さんの言い分だった。純子さんはセックスをしたいという気がまったくないのに、無理やりされたと主張する。周りの人間は一人めの子供ときには信じたが、二人めの子が生まれたときには誰も信じなくなった。「そんなにいやなら、離婚すればいいのに」と誰もがいった。しかし、純子さんにとっては、それはあくまでも強姦だったのだ。別に意に添わない結婚だったわけではない。むしろ、純子さんのほうが夫に恋をして、それが成就した形の結婚だった。

夫は大学の同級生で、ハンサムで、もてる男性だった。就職も誰もが知っている大きな企業に決まり、人気はますます高まっていた。競争率の高いなかで、純子さんは彼の気持ちをつかみ、人の羨望を受けながら結ばれたのである。卒業後まもなく、結婚式を挙げた。それなのに、結婚してから、純子さんの気持ちは冷えはじめたのである。

「結婚してみたら、つまらない人間だったことがわかったから」

と、純子さんはいう。

夫は就職した会社に誇りをもち、その社員であることに胸を張った。話すことは会社のことばかりで、それもすべて自慢話だった。社長が新聞や雑誌に紹介されていれば、その切り抜きを見せ、直接訓示を受けるようなことがあれば、その内容を繰り返し話す。その企業はプロ野球のチームをもっているのだが、家のなかは、あっという間にそのグッズだらけの状態になった。

そうした夫の姿を見て、純子さんの気持ちはだんだんと冷めてゆき、やがて嫌悪感さえ抱くようになっていった。

母親のいいつけどおりに、自分を殺して生きてきた娘

純子さんのほうは文学と芸術を愛するタイプだった。本当は美術の分野に進んでイラストレーターになりたいと思っていたのだが、親に反対されて文学部に進

んだのである。

「絵なんかやっても就職はできないんだから。もっと物事を堅実に考えなさい」

母親は繰り返しそういった。

「そんなことは、いい人を見つけて結婚して、そのあとで趣味でやればいいのよ」

そうつけ加えることも忘れなかった。「いい人を見つけて結婚する」というのは、母親の口癖のようなものだった。

純子さんの母親はごく普通の専業主婦で、父親もごく普通のサラリーマンだった。ともに地方から出てきて東京で知り合った二人は、結婚して十年後に念願のマイホームを買った。あまり豊かとはいえない農家の出身であった純子さんの母親は、ベランダのついた一戸建てに住むのが夢だったという。純子さんの幼いころの記憶には、母親が内職やパートをしていた姿が焼きついている。

純子さんには妹が一人おり、二人で遊ぶのが常だったが、活発な妹には目を配り、はらはらしどおしだった。妹は壁や床に落書きをしたり、家具を傷つけたり、家じゅうを汚したりする。母親はマイホームを汚されるのが我慢がならないようすで、傷や汚れを見つけると大きな叱り声をあげるのである。

いたずらをするのは妹のほうでも、叱られるのは純子さんのほうだった。

「お姉ちゃんなんだから、しっかり見てないとだめでしょう。私のうちを汚さないでちょうだい」

純子さんは妹のいたずらの後始末をし、いいつけどおりの〝いい子〟でいるように努めた。母親のいいつけを守っていれば、母親は機嫌がよく、買い物にも連れていってくれ、漫画も買ってくれる。少し大きくなると、いたずらをした妹だけが置き去りにされることもあった。買い物に連れていってもらえない妹を振り返りながら、純子さんは気持ちよさを感じたこともあったという。

純子さんの記憶では父親の姿が薄い。夜の帰りも遅く、顔を合わせるのは朝だけだった。日曜にはパチンコに行ってしまうことが多く、一緒に遊んだ記憶はほとんどない。母親とは仲がよかったのかどうか、喧嘩をする姿は見たことがないが、仲よくしている姿も見たことがないという。これは日本の平均的な家庭の姿を象徴しているようだ。

純子さんは母親に反抗した記憶もない。服装もいつも母親の勧めるものを着たし、友達づきあいにも母の意見を尊重した。高校の入学式のとき、派手なクラスメートを見ていった、「あんな子とつきあっちゃだめよ」という言葉を聞いて、純子さんはそのいいつけも守った。別に反発を感じることもなく、派手なグループに対しては、純子さんも好意をもてずに近寄らなかった。

純子さんが唯一、母親の勧めでないことをしたのは、美術部に入ったこと、そして、そこでボーイフレンドをつくったことだった。

おなじクラブの男子生徒と仲よくなり、電話をかけあうようになった。まだ恋愛関係にまでは発展していなかったが、純子さんはその予感を感じて胸をときめかせていた。しかし、電話を取り次ぐ母親はその男子生徒に神経を尖らせ、家に連れてくるようにという。純子さんは気が進まなかったが、いうことを聞かないわけにはいかない。

適当な口実を作って男子生徒を家に呼ぶと、純子さんはドキドキしながら母親に引き合わせた。その場はとりとめのない話をしてすんだが、夜、母親は純子さんと向き合っていった。

「あの子とはつきあっちゃだめ。不良っぽくて、お母さん嫌いだわ。もっと真面目な人でないとね」

純子さんは、がっかりした。しかし、そういわれてしまうと、もうこれまでのようにはつきあえない。二年になり、受験のための準備ということで部活動も休みがちになり、純子さんはやがて美術部をやめた。男子生徒と顔を合わせるのが気まずかったせいもある。それきり、純子さんが母親の意から逸れようとすることはなかった。

それ以降、純子さんの人生に問題はなく、大学も卒業し、結婚もし、子供ももうけて暮らしていたのである。

「お母さんのいうことを聞いていれば間違いないのよ」

長男の不登校と引きこもりが始まってから、純子さんは初めて自分の人生を考えるようになった。人々から多くの意見をいわれるし、いろいろな本を読み、考えざるをえなくなったのである。そして、息子の一言も大きかった。

「どうして生んだんだよ」

純子さんはショックを受けた。答えられなかったからだ。

なぜ、この子を生んだのか。結婚して妊娠したのだから、生むのは当たり前だ。しかし、それでは答えになっていないように感じた。自分はなぜこの子を生んだのか。その問いは、自分はなぜ結婚したのかという、より本質的な疑問に遡っていく。好きだったから、結婚するのが当たり前だから……いろいろと理由を考えて、純子さんは混乱した。わからないのだ。ましてや、夫婦の愛情などとっくにない。いったい何をやっているのだろう。

純子さんはそれから悩み、軽い鬱状態になったり、精神が不安定になったりもした。学生時代の友人が知人のケースワーカーを個人的に紹介してくれることになり、そこで自分の問題を語りはじめたのである。

時間をかけ、話をするうちに、純子さんはさまざまなことに気がついた。母親のいいなりに生きてきたこと、自分をもとうともしなかったこと、自分の気持ちや感情を押し殺して生きてきたこと。振り返ると、それはまるで自分の人生ではないようだった。

さらに、純子さんは気がついた。なぜ、夫を好きになったのか。それは母親が気に入るタイプだと、無意識に感じたからだった。この人ならきっと褒めてもらえる、心のどこかで、そう思い、選んだのだという気がした。事実、母親は結婚前の夫に会っていった。

「あの人なら大丈夫そうじゃないの。堅実そうだし、真面目ね」

そして、結婚してまもなくいわれた言葉も思い出した。

「お母さんのいうことを聞いていれば間違いないのよ。よかったわね」

純子さんの混乱は深まった。自分はもしかしたら夫のことなんて最初から好きではなかったのではないか。恋も愛もなかったのではないか。だからこそ、こんなにもすぐに嫌になったのではないか。

空虚な自分の生き方が息子に不登校をさせたのか！

純子さんは結婚生活そのものを不毛と感じるようになった。長男の問題が起きてからも、夫は純子さんにまかせっきりでなんの協力もしようとしない。純子さんのほうからも積極的に話をしようとはしなかった。おそらく、こうした不毛な結婚生活、そして、空虚な自分の生き方が息子に影響を与え、不登校や引きこもりを起こさせたのだろうと、純子さんは思った。

純子さんは一年以上かけて考えた末、離婚を決意した。長男の不登校はそのままだったが、自分が変わらなければ何も変わらないような気がした。不毛な結婚生活をつづければ、子供たちにもよくない影響しか与えないと考えたのだ。夫に対しての嫌気は募るばかりで、始まりも不毛なものだったとしたら、つづけていてもなんの意味もないとも思えた。

離婚を言い出し、それが実現するまでにはさらに一年がかかったが、純子さんはそれをやりとげた。母親は離婚に猛反対したが、純子さんは勇気をふりしぼって、初めて母親に反抗した。夫との交渉よりも、母親との戦いのほうが大変だった、と純子さんはいう。

苦労の果てに決着がつき、子供二人を引き取り、仕事を探し、純子さんは新たな生活を始めた。が、だからといって、長男の不登校と引きこもりが直ったわけではない。それどころか、高校に進んだ長女も、一年で学校を中退してしまったのである。

長男は家にこもってパソコンをいじる毎日を送っている。長女のほうは外に出歩き、髪を染め、ブランド品を身につけている。渡す小遣いは限られているから、高価なものなど買えるはずはない。どうやら援助交際をしているらしいことを純子さんは気づいているが、娘は母親のいうことなどに耳を貸さない。頭を抱えながらも、自分を強くもっている娘を羨ましくも思う。

子供たちがどうなってゆくのか、純子さんにも見通しがつかないが、最近では余裕をもって見つめる努力をしている。今では、学校に行きたくないのならそれでもいい、と考えることができるようになったという。

「結果的には何もよくなっていませんが、たぶん、これからよくなるでしょう。少なくともあのまま結婚生活をつづけていたよりは、はるかにましになると思います。親があんな不毛な人生を送っていたら、子供が人生を信じられなくて、放り出したくなるのも当然だと今では思います」

純子さんは今では仕事をこなし、絵を描く時間はなくなってしまったが、かえって生き生きとしている。主婦だったころとは顔つきが違う、と人からいわれるという。

「以前は母親の気に入るような方向に合わせていたんです。無意識に。自分がありませんでしたから。でも、今は、自分がどうしたいのかを考えるようにしています。はっきりわからないことが多くて迷いますけど、とにかく自分自身に相談するようにしています」

純子さんは自分の人生を取り戻そうとしているように見える。

会社を誇る夫と、家族を誇る妻

普通の家庭がかならずしも健全な家庭とはいえない。日本で美徳とされてきた〝良妻賢母〟には問題が多いと、常々私は感じてきた。親の面倒を見、なおかつ夫のため、子供のためにつくす。それがよしとされるのは、社会や男性にとって都合がいいからであって、そこに女性の意思や気持ちは見えてこない。

夫につくすことや子供に人生を捧げることが生きがいであり、喜びであるという人もいるが、そこには社会や周囲の人々の期待や要望に応えようとする無意識の努力が働いている可能性もある。

もし、それが本心からの喜びであったら、子供に問題は生じないだろう。しかし、子供や家族、そして自分になんらかの問題や不満があるならば、そこには〝無理〟があると考えたほうが自然だ。

人間は誰でも〝共依存〟をしているといわれる。家族や友人、仕事仲間などには誰でもが少なからず依存心をもっている。対象を人からより広い範囲に広げると、学校や会社に依存している人もいる。名門校の出身であることを誇りにしたり、一流会社の社員であることを自尊心の支えにする人は多い。そして、女性は彼らの妻であること、母親であることを誇りにする。

自分の業績や努力を誇ることは健康な心理だが、会社や学校の〝名前〟を自尊心の基盤にすることは健康とはいえない。仕事を尋ねると日本人は会社名を答える、と外国人からよく指摘される。そして、その会社がどういう会社であるか、何をしている会社であるかを延々と説明する。これは、海外で多くの国の人々と話をしていると、本当に出会う場面だ。他の国の人々は自分が何をやっているのかを話すのに、日本人の話には自分が出てこない。まるで自分が存在していないかのようだ。

こうした傾向は〝良妻賢母〟にはより強い。多くの専業主婦の話題は、夫のことと子供のこと、そして姑と舅のことだ。そこには、やはり自分がいない。日本は全体が〝共依存〟の社会であるといっても過言ではないだろう。

日本で〝良妻賢母〟といわれてきた人は、ほとんどが中身が空っぽだと私は思う。自分の母親を見てもそうだが、自分は何をどうしたいのか、どのような人生を生きたいのかという抱負が何もない。日常の平凡な生活を幸せと感じることが一番の幸せだと私は考えているが、空っぽな母親たちは、あまり幸せには見えない。それどころか、内なる空漠を埋めようとするかのように、子供に多くのものを求める。

普通の家庭で生まれるアダルト・チルドレンは、こうした〝良妻賢母〟の落し子だといえるだろう。自分の人生をもたない母親は、子供にすべての関心とエネルギーを向けてしまう。そして、子供を自分の思うとおりの人間に育て、自分の思うとおりの人生を歩ませようとする。

「それは愛情ゆえだ」という意見もかならず出るが、おおいに疑問だ。愛情でやっているのではなく、自分が空っぽで充実感がないからやっている人のほうが多いのではないか。愛情であれば、子供への援助や支えになるが、実際は子供の支配と心の侵略になってしまっている。愛よりも搾取の面のほうが強い。

そうはいっても、だから母親が悪い、というわけではない。母親たちもまた、犠牲者だ。母親はそのまた母親からそのように教えられ、しつけられてきた。家庭内だけでなく、学校でも教育されてきたのだ。いまだに〝良妻賢母〟教育を掲げる学校もあるくらいだから、世代を遡るほど、締めつけも大きかっただろうと容易に想像ができる。そういう生き方しか与えられなかったのである。

「自我を殺す社会」から「自我をもつ社会」への急転回

日本の社会は、長いあいだ「自我を殺す社会」だった。そこにいきなり「自我をもて」といわれても、ほとんどの人はついてゆけない。殺し方は代々教えられてきているが、自我の確立のしかたは、親も教わっていないのだ。伝統的な教えを忠実に守った良妻賢母が子供を育てたら、子供の自我を損なう結果にしかならない。

アダルト・チルドレンという名前は最近のものだが、存在自体はけっして新しいものでない。いつの時代でも、いたはずだ。昔は男性はもっと横暴だったし、妻や子供を殴るのは当たり前だった。

『巨人の星』という漫画があったが、あの主人公・星飛雄馬《ほしひゆうま》の父親は典型的な横暴タイプだった。漫画のなかで、父親は年じゅう怒って卓袱台《ちゃぶ》を蹴り上げる。食事は散乱し、母親がわりを務めていた姉は泣き伏し、飛雄馬は歯ぎしりをしながら耐える。今だったら児童相談所が介入して、子供は保護されるかもしれない。

しかし、数十年前には、こうした情景に誰も疑問を抱かなかった。家庭のなかで暴力を振るう父親は別に珍しくなかったのだ。

つい、近年まで、日本にはバタラー（殴り手）が大手を振っていたし、バタード・ウーマンが数えきれないほどいた。躾として、あるいは鬱憤《うっぷん》ばらしに子供を殴る親もいただろう。酒に溺れる父親もいただろうし、愛想をつかして逃げ出す母親もいただろう。舅や姑の権限も強く、家庭内の力関係は複雑だったはずだ。

社会全体がアダルト・チルドレンの宝庫のようなものだったにちがいない。それが連綿とつづいてきたのである。

そうした昔のアダルト・チルドレンのなかで、心弱い人はどうしていたのだろうか。自らもバタラーになってしまうか、社会的成功を収めるようなパワーの強いタイプはいいが、心優しい傷つくタイプも多い。彼らは社会的敗者として、あるいは人生の落伍者として、人々から否定されることが多かっただろう。

アダルト・チルドレンなどという言葉はなく、駄目なのはすべて本人の責任とされていたのだから、どこにも逃げ場はない。また、アダルト・チルドレンという名称もなかったのだから、身を置く場所もない。そして、解決策も見つからない。

アダルト・チルドレンという言葉やその認知は、見方を変えれば、社会の成熟の表われであるといえるかもしれない。昔は子供は親に傷つけられるのは当たり前だったし、誰もそれを非難しなかった。「子供は親のもの」だと誰もが信じていた。子供が心に傷を抱えたまま大人になって苦しんだとしても、傷つけた側の親から「根性がない」と責められるばかりだっただろう。

アダルト・チルドレンという言葉が人々に受け入れられたのは、私たちが自我をもちはじめたからかもしれない。日本に長いあいだなかった「個」という概念が社会に広まりつつあるのだと思う。

以前は親子無理心中をしても責められはしなかったが、今では殺人として罪に問われる。親と子は別の人間であり、親といっても子供の人生を好きにしていいわけではない、ということがやっと認められつつある。一人ひとりが自分というものをもとうとしているのだ。

自分が空っぽな「良妻賢母」はブラックホール

アダルト・チルドレンは悩む。なぜ、生きることが自分にとって苦しいものなのか。なぜ、自分は駄目な人間なのか。どうして人とうまくつきあえないのか。どうすれば自分と未来を信じられるのか。

そうした悩みには、ちゃんと〝自分〟というものが存在しているのだ。それがうまく機能しないから悩みが生じるのであって、空っぽな人とはそこが違う。自分をもたない空っぽな人は悩みもしないし、苦しみもしない。アダルト・チルドレンであるということは、それだけですでに豊かな自分をもてる可能性があるということだ。

空っぽな内側をもった人は、ブラックホールのように周りのものを呑みこもうとする。しかし、自分よりも大きな存在は呑みこむのが大変だから、身近な相手でも親や配偶者はあまり呑みこもうとしない。簡単に取りこめるのは、やはり子供だ。親は意識的にも無意識的にも〝子供は自分のもの〟と思っているから、なんの抵抗もない。気の弱い子供など、あっという間に吸収されてしまう。

良妻賢母は、ほとんどが支配的だ。ああしなさい、こうしなさいと、ことこまかに指図をする。自分の判断に間違いはないと信じ、それを子供を守るための最良の道と信じる。子供が違う考えをもっていようものなら、すぐさま粉々に砕く。

私の母親は「寄らば大樹の陰」という言葉を何かというと口にした。彼女にとって重要なのは安定であり、堅実さであり、保証と安全だった。典型的な日本の母親だ。

私はそういう考え方が大嫌いだった。しかし、権力をもっているのは母親であり、自分の考えを是が非でも子供に植えつけようとする。それは武力による侵略のようなもので、抵抗するにはかなりのエネルギーを消費する。おまけに、しょせん子供の抵抗力など弱いもので、あっけなく惨敗してしまう。これでは身も心もぼろぼろになる。親との葛藤は激しくエネルギーを消耗するものだと、私は経験上つくづくと思う。

自我をもてばもったで、そこに新たな問題が生まれてくる。しかし、ただ、黙って侵略されるよりは、抵抗したほうがはるかにいいだろう。そこには勝利と独立の可能性があるからだ。

親から子への言葉の暴力はやがて大きな波紋を呼ぶ

親は、子供を傷つけることが多い。暴力だけでなく、言葉でも傷つける。ほとんどの人は親の何気ない一言に傷ついた経験があるだろう。もし、それが何度も繰り返されたら、そして、その傷が深いものであったら、心に大きな傷跡を残すことになる。

普通の家庭では暴力が振るわれることはあまりない。しかし、それは手や足を使った目に見える暴力のことで、言葉の暴力に関しては取り沙汰されることは少ない。傷ついたとしても目には見えないし、問題にはされない。心の傷はその傷を負った本人にしかわからないのだ。

言葉が与える心の傷は、心理的虐待ともいわれる。言葉の暴力、心の虐待といってもいいだろう。これは家庭内で行なわれていても、他人には見えないし、気がつく人もいない。傷ついた本人すら、虐待されたとは思わないのが普通だ。だが、そこから受ける影響は見逃せない。

「おまえさえいなければ離婚するのに」

この言葉は珍しいものではない。よりはっきりしたものもある。

「子供なんか生むんじゃなかった」

「嫌な子ね」

「大嫌い」

「あっちへ行って」

「うるさい」

こうした言葉は、刃物のように子供の心を傷つける。子供は、自分は駄目な子、嫌な子、いてはいけない子、という意識を真剣にもってしまう。

母親にとっては何気ない言葉でも、またはただの八つ当たりで、いったことを覚えていなくても、いわれた瞬間、子供の心には深く傷が刻まれる。自信は打ち砕かれ、自尊心は崩壊する。愛される価値のない人間という思いこみが、ここで生まれてしまうのだ。

前章で触れたアダルト・チルドレンの特徴に、つぎのようなものがあった。
四、アダルト・チルドレンは情け容赦なく自分に批判を下す。
九、アダルト・チルドレンは他人からの肯定や受け入れを常に求める。
自分は価値のない駄目な人間だと思っていると、ことあるごとにそれを認めてしまう。たとえ失敗の原因が他人にあったとしても、自分のせいだと思ってしまい、やっぱり自分は駄目なんだと思ってしまう。悪いのは何もかも自分のせい、と感じてしまう人もいるし、そういう人は失敗のすべてを自分の責任だと本当に信じてしまう。そして、ますます自信を失ってゆく。

だが、人間には自然の回復力がある。自然治癒力は心にも働いているだろうし、それが落ちこみから復活させようと活動する。自信を失えばそれを取り戻そうとするのは、生きるための自然な反応といえるだろう。自信を失えば失うほど、自分は駄目だと思えば思うほど、それを否定したいと思う。人に認めてほしいと望むのだ。「他人からの肯定や受け入れを常に求める」というのは、そこから生まれる欲求だろう。

一見、普通の家庭に見えても、その内側に言葉による傷つき経験があることは多い。経験としては小さなものかもしれないが、幾度も繰り返されることによって、やがて大きな波紋へと広がってゆくのである。

両親の不仲は、人づきあいの下手な子供を生み出す

普通の家庭でも、子供の心が傷つくような出来事は数々起こる。父親と母親の仲が悪い、というそのことだけでも、子供の心はおおいに傷つくのだ。

両親の仲が悪ければ家庭のなかには緊張が走り、不安定で不信感に満ちた空気

が流れる。これだけでも、子供の心を不安にさせるのに十分だ。子供にとって家庭は安らげる場所ではなくなり、そうなると安心できる場所がどこにもなくなってしまう。子供自身が、常に緊張に晒されることになる。

アダルト・チルドレンを生み出す要素のひとつに、家庭が安らげる場ではなかったというものがある。子供は安心感を得ることができず、常にストレスと緊張感に晒されつづけると、リラックスすることが身につかない。大人になっても、いつでも人に気を遣い、場合によってはおどおどしてしまう。アダルト・チルドレンは小さなことにも驚きやすい人が多いが、いつでも神経が緊張状態にあるせいなのだろう。

また、夫婦の仲は、人間関係の基礎として子供に影響する。夫婦仲が悪いと、人間どうしの暖かい交流を間近に見る機会がなくなる。人がどのように労《いたわ》り合うか、話し合うか、理解し合うか、愛し合うか、子供は見なければわからない。親がそれらをもたなければ、子供はそうした人づきあいの基本を学ぶことができないのだ。愛し方のわからない大人になってしまう。

それどころか、夫婦喧嘩が家庭内で繰り広げられる家であったら、そうしたネガティブな人間関係を学んでしまう。ののしりあったり、嫌味をいったり、無視し合ったりしていれば、子供はそれを見て、人間とはそういうふうにしてつきあうものだと思ってしまう。人とは敵対し合うもの、という認識しかもてず、信頼関係は結べなくなる。人が一番最初に出会う人間関係は親子関係であり、両親の相互関係であるから、人間関係の基礎は家庭で育《はぐく》まれる。それを身につけて、成長してゆくのだ。

夫婦関係が悪いと、母子関係も歪《ゆが》む。母親は夫の支えや愛情があって初めて安定した子育てができるのであって、母親一人でできる作業ではない。男性にはそのあたりを理解していない人が多く、子育ては女の仕事、とばかりにいっさい顧みようとしない。子育てに協力しないばかりでなく、妻を理解したり、思いやりをもとうともしない人が多い。これでは妻は精神的に安定せず、十分な子育てなどできなくなる。

愛情は泉のようにひとりでに湧いてくるものではない。本来はそれが理想的だが、人間はなかなかそんな境地に達することはできない。人から十分な愛情をもらった人が、自分の愛情を人にも分けてあげることができるようになるのだ。夫から十分な愛情を受けとっていなければ、妻は子供に豊かな愛情など向けられなくなっても無理はない。

よく母性は泉のように溢《あふ》れ出るもの、という理想論が交わされるが、そんなに都合のいいものではない。母親がいい母親でいられるのは、夫の愛情があってのことだ。それがなくなれば、母親は子供を保護する力を失ってしまうのだ。

夫婦の不仲は、子供への過干渉につながる

夫婦間の仲が悪いと、もうひとつ別の弊害が生じる。母親が子供に没頭してしまうことだ。

夫に関心を向けられなくなった妻は、もはや妻としての機能は必要とされなくなるため、自分の関心とエネルギーをすべて子供に向けてしまう。女でもなく、妻でもなく、ただひたすら母になりきってしまうのだ。心の内部の空洞化現象が、ますます進んでしまった結果ともいえる。

過保護は人からはけっして悪くは見えない。それどころか、人の目には面倒見

のいい優しいお母さん、と映る。しかし、それはやがて過干渉に発展してゆき、子供の心を侵略してゆく。

私は典型的な過保護過干渉のなかで育ったので、それがどのくらい苦痛をともなうものであるか、叫びだしたいくらいにわかる。しかし、過保護の母は世間から見ればいい人で、子供のほうは誰にも理解してもらえない。苦痛は自分のなかに閉じこめられ、心を歪めてゆくことになる。

過干渉をされると、心を引き剥がされて覗かれる気がする。実際、過干渉の母親は〝覗き〟行為をよくする。私も年賀状を親にくまなく読まれて、そのたびにとても嫌な思いを味わった。当たり前のように人の年賀状を読み、それに見当違いなコメントまでするのである。こうされると自分や友人が踏みにじられているようで、怒りだけでなく屈辱感すら湧きあがる。私は「勝手に読まないでくれ」と抗議をしたが、どの程度効き目があったのかは疑わしい。

世の中にはこのタイプの母親が多く、覗きのレベルも幾通りもある。アメリカのレーガン元大統領の夫人ナンシーも、子供たちの電話をいつも盗み聞きしていたという。友人や恋人と電話をしていると、親子電話でナンシーが聞いているのが、雑音でわかる。二人の子供はこれに抗議をしたが、やはりナンシーはすぐにやめたりはしなかったようだ。

日本でも、おそらくこういうことは皆無ではないだろう。実際、もっと行動的な母親は多い。

ある女性は、母親から日記を読まれていたという。学校に行っているあいだに部屋に入り、点検をするらしく、日記の内容もすべて把握されていた。「掃除をしていたら、たまたま机に置いてあったから」といういいわけがされるのだが、どこにしまってもおなじいいわけだった。この母親は彼女の兄の部屋も点検していたらしく、ポルノ雑誌が見つかって大騒ぎになったこともあったという。この手の話は日本の普通の家庭の出来事として、珍しいものではない。

こうした母親はあらゆることを管理しようとするので、子供の心はどんどん去勢されてゆく。自分を抑えることに慣れてしまうし、自分への自信も失われてゆく。実際、日記を読まれていた女性は自分に対する自信が低く、自己主張することができず、好き嫌いもはっきりしない。感情も豊かでなく、表情も乏しい。人づきあいも下手だ。また、その両親の関係はまったく会話もないくらいに冷えきっていた。

夫婦の関係は外部の人間にはおよそわからないものだ。子供にもよくわからないことが多い。しかし、家庭において、その関係のあり方は大きな影響力をもつ。外からは普通に見えても、そして、形は普通の家庭であっても、それなりの問題は潜むのだ。

愛されなかった母親が子供に嫉妬するとき

夫婦間の愛情が豊かでないと、母子関係の愛情も豊かになりにくいが、母子関係にはもうひとつ別の原因も考えられる。それは母親が、そのまた母親から愛情を受けていなかった場合だ。

アダルト・チルドレンは世代間伝播するものであるから、アダルト・チャイルドの母親はやはりアダルト・チャイルドであった確率が高い。十分な愛情を受けずに育つと、自分のなかにも愛情のストックがなく、人に分け与える分など捻出できない。愛情関係というのも学んでいないから、どうやって子供に愛情を向ければいいのかもわからない。

子供が可愛いと思えない、という母親もよくいる。

「みんな可愛いといっているけれど、それはふりをしているだけとしか思えない」

二十代のある母親がいった。二人の子供がいるが、仕事もしており、育児は仕事の邪魔にしか感じられない。昼間は保育園に預けているが、そのあいだに事故か病気で死んでしまえばいいのに、と思うことすらあるという。夫とはなんの問題もなく、家庭的には普通の形態を保っている。子供に対する感情は、夫には話していない。

この女性は幼いころに母親が家を出ていて、その後は父方の祖母に育てられていた。やがて父親が再婚し、引き取られたが、祖母の家でも新しい家庭でも、ほとんど厄介者扱いだったという。大人から暖かい愛情を受けた経験がなかったのだ。

愛された経験のないアダルト・チルドレンにとっては、子育ては難しい仕事になってしまう。アダルト・チルドレンは自分自身が愛に渇《かつ》えており、人からの愛情を必要としている。とても他者に与えるどころではない。

こういうケースでは、子供に対する嫉妬も起きやすい。子供は甘え、泣き、欲しがり、それに自分が応える。そうしているうちに、子供が無性に憎らしくなってきたり、嫌いになったりする。この子とは相性が悪い、可愛気がない、どうしていいかわからない、などと感じはじめる。母親にはそれらの理由しか思いつかないが、その底には嫉妬の感情がある場合が多い。

自分がしてもらえなかったことを、この子はしてもらっている。自分はされなかったのに、どうしてこの子にしなければならないのか。私はつらかったのに、この子は恵まれている。母親は自分と子供を比べ、嫉妬するのだ。

もっとも、こうした感情はほとんど無意識のレベルに閉じこめられ、意識にのぼることはない。自分ではそう思っていることがわからないのだ。

嫉妬は醜いものであるという抑圧もあるし、親が子供に嫉妬するなどということはあってはならない、と普通は思う。それらのブレーキが意識に蓋をしてしまう。かわりに、相性の悪さや子供の気難しさなどという、変形した形で意識されることになる。

嫉妬があると、愛情が感じられないだけでなく、憎しみや嫌悪も湧きあがる。

ある母親には二人の娘がいたが、彼女は上の娘を嫌い、それを人にも広言していた。下の妹ばかりを可愛がり、長女は思春期にはすっかり内気な子になっていた。話を聞いてみると、長女はよく甘える子で、母親にまとわりつく子だったという。次女は赤ん坊のころから手がかからず、甘えの少ない子だった。この母親は幼いころに母を失っており、継母に厳しく育てられた人だった。

甘えることが許されなかった人は、甘える子供に嫉妬する。まして自分にそれを求められれば、憎らしさすら湧いてくる。「嫌な子」と感じてしまうのだ。

だが、これは根底に嫉妬があるということがわかっていないからで、それを認識すれば感情の在り方は変わる。嫉妬を嫉妬として意識すれば、余計な憎しみや嫌悪に形を変える確率は少なくなるのだ。アダルト・チルドレンの回復にとって必要な〝気づき〟のひとつだ。

親が子供に嫉妬するというケースは、珍しいことではない。母子間だけでなく、父親の子供に対する嫉妬も実は多いのである。

子供の学歴に嫉妬して進学を阻む父

ある男性の父親は尋常小学校を卒業後、地方の農家から東京に出て働き、いくつかの会社を変わったあと、腰を落ち着けた人だった。結婚して家庭をもち、長男と長女の二人の子供にも恵まれ、家も建てた。父親が子供たちに対して厳しいということ以外、ごく普通の生活だ。

長男は中学生になるまでは、どこの父親もそういうものだと思っていた。が、高校受験のときに、疑問が湧いた。

どの高校を受験するかを相談しようと、母親が父親に話をもちかけると、父親は不機嫌になった。私立を第一希望にしたいというと、父親は顔を赤くして怒鳴った。

「そんな金のかかるところに行かんでもいい。高校に行けるだけでもありがたく思え」

その後、受験の話をするたびに父親は怒りだし、家じゅうに険悪な空気が流れた。級友の話を聞くと、ほとんどの親は受験を応援してくれている。うちの親はどうしてこうなんだ、とそのときに初めて長男は、疑問を感じた。

父親の不機嫌はつづく。

「誰のおかげで進学できると思ってるんだ。贅沢をいうんじゃない」

「学校なんて出なくたって、俺みたいにちゃんと生きることはできる」

成績がよく、希望している私立は受かると太鼓判をおされていたが、結局、父親は受験を認めなかった。長男は気の進まない都立を受験したが、私立の受験日のときには一人悔し涙を流したという。それは大きなわだかまりとなって、高校進学以降、長男は父親とほとんど口をきかなくなった。

さらに大学への進学を長男は望んだが、父親が反対することは明らかだった。高校へ通っているあいだにも「いい身分」といわれつづけたことを考えると、大学進学を認めるはずはない。長男は就職し、自分で金を溜めてから大学の二部に進んだ。しかし、仕事とのかけもちはつづかず、結局中退せざるをえなかった。

彼は父親の理解のなさを恨み、憎んだ。

最近になって、長男は父親の反対は嫉妬だったと理解したという。

自分も味わってみて、父親が学歴の低さから苦労したことが想像できる。しかし、「だからこそ許せない」と彼はいう。

「自分が苦労したら、子供にはさせたくないと思うのが親の愛情というものでしょう。それを、あの人はただ子供に嫉妬して邪魔をした。そういう未熟な人間性を僕は軽蔑します。僕は絶対にそんなことはしない」

父親への怒りは解けないままだが、世代間伝播はここで絶たれるのが救いといえる。

このようなケースは多い。

男性は愛情や精神的なものよりも、学歴や就職、名誉や経済力などの社会的力に対して嫉妬することが多いようだ。男性は社会のなかでの優劣を自分の価値と同等に見なす傾向があるから、子供に負けたくない、と思うのかもしれない。

このような男性の場合、逆に自分に学歴がなかった分、子供につけさせようと躍起になることもある。嫉妬をして反対するケースよりも、後者のほうが多いようにも見える。これも子供にとっては、いい迷惑だ。

家が安らぎの場でないと、心の栄養が不足して成長できない

普通の家庭にも問題の芽は多い。形だけは普通であっても、それが平和で健康であることとは必ずしもつながらない。

アダルト・チルドレンを生み出すのは心の問題だ。親の心と子供の心のあいだの、見えないところで起きるのである。目には見えないから、傷ができたことに気がつかない場合さえある。自分でも長いあいだ、気がつかないことも多い。

一見些細なことに見えるような問題でも、子供の心には大きな影響を与える。夫婦の仲が悪いだけで、子供は歓迎されない子という思いにとらわれるし、自分の価値を信じられなくなる。自分さえいなければいいのではないかと思ってしまう。

親が自分を生きがいにすれば、それに応えようと必死になってしまうし、親の期待に添う〝いい子〟になろうと自分を殺してしまう。そして、自分を見失った大人になってしまう。

親の嫉妬やネガティブな感情を受ければ、自分は存在価値のない人間だと思ってしまう。あからさまに怒られれば、それはより深く心に傷を刻む。最近の親は子供を褒めるが、ひと昔前までは、親が子供を褒めることはまずなかった。むしろ、怒られ、けなされ、否定されてばかりだった。これだけでも、私たちの心は傷だらけだ。

家が安らぎの場でないと、そこに育つ人の心は強くなれない。愛情を受け、自分の価値を信じ、人を信じることができないと、心の栄養が不足して、心が育たなくなる。体は成長しても、心が成長しきれなくなるのだ。

普通の家庭にも機能不全はある。暖かさや愛情、信頼や心の交流、家族一人ひとりの独立、成熟などが欠ければ、それはひとつの家族の機能不全になりうる。アダルト・チルドレンはけっして特別な存在ではないのだ。

第5章

立派な親をもつことのマイナス面

申し分のない家庭からも生まれるアダルト・チルドレン

アダルト・チルドレンの親がすべてアダルト・チルドレンとはかぎらないし、成熟していない欠点だらけの人間であるともかぎらない。なかには社会的には〝立派な人〟といわれている場合もある。愛情もあり、過保護でもなく放置するわけでもなく、常識や道徳をきちんと教育し、何ひとつ過不足のない生活を子供に与える。親自身の生き方も自信に満ち、恥ずべきことなど何もなく、世間的にも立派な仕事をしている。さぞかし子供も立派な大人になるだろうと、誰もが思う。

だが、そうした家庭からもアダルト・チルドレンは生まれるのだ。

これはある男性の例だ。その男性、晃さんは長男として生まれ、下に四歳年下の妹がいた。父親は東京大学を出て医師となり、ある大学病院に勤務していた。祖父も東大の前身である帝国大学を卒業しており、学者として大成した人だった。母親もおなじく東大出身で、両親は大学の先輩と後輩で恋が芽生えたと、晃さんは子供のころからよく聞かされていた。

母親の父、すなわち晃さんにとって祖父にあたる人も医師で、薬代を払えない人の往診にも気さくに出かけてゆく立派な人だった。母親は物心両面で豊かな生活を送り、堂々とした物怖《ものお》じしない女性となった。毅然とした夫と並んでも遜色がなく、似合いの夫婦と評判が高かった。

晃さんは幼いころからきちんとした躾が施され、はきはきとした〝いい子〟になった。大人顔負けの挨拶をし、両親の客たちの前でも、気後《きおく》れすることなく、会話に加わってゆく。「さすが二人の子」といわれ、両親も誇らしげに胸を張る。パーティに連れていかれることもあったが、そこでも晃さんの優秀さは人々の絶賛の的になった。

晃さんは自分が褒められることよりも、両親が人から賛美されるのが嬉しかったという。晃さんは両親を誇りに思っていた。

晃さんは小学生のころから熱心に勉強をした。学年でも常にトップの成績を保ち、教師からの信頼も厚かった。当然のように私立中学への進学を進められ、晃さんも意欲を燃やした。両親は受かるものと信じ、おおらかに見守っていた。そして、人々の期待どおり、難関といわれる有名中学に合格したのである。

全国から秀才が集まる学校であるから、今までのようにトップをとることはできない。が、晃さんはより熱心に勉強をし、上位の成績を維持したのである。そのまま高校へ進み、成績も保ち、生活態度も優等生のまま、晃さんの思春期はすぎていった。同級生のなかには中退したり、学校へこなくなったり、非行じみた行為をする人間もいたが、晃さんは彼らにはまったく関心がなかったという。自分には関係のない世界だと考えていたのである。

このころ、成績のよかった妹は勉強しなくなり、遊び歩くようになっていた。兄の勉強する姿を見て、馬鹿にしたように笑う。晃さんは彼女を〝落伍者〟と見なし、まったく相手にしなかった。

大学受験の準備に入り、晃さんは迷わず東大の理Ⅲを目指した。理Ⅲは医学部であり、日本で最も難しいといわれる大学の最も難しい学部である。しかし、晃さんにとっては東大の医学部以外に進むべき道は思い当たらなかった。父も母も祖父も出た大学であり、大学は違うがもう一人の祖父も医師である。自分もそこに行くのが当たり前、行かなければ家族の一員として認められない、無意識のうちにそう思っていたのである。

だが、試験の結果は不合格だった。

立派な家族のなかの落ちこぼれ意識

晃さんは浪人を決め、予備校に通いはじめた。一年間さらに勉強をして、ふたたび東大の理Ⅲを受験した。が、やはり不合格。さらに二浪してチャレンジしたが、結果はおなじだった。

この年、すべりどめに受けていた私立のＫ大に入学するが、晃さんは東大を諦めたわけではなかった。晃さんにとっては、相変わらず東大の理Ⅲだけが大学だったのだ。親の期待を裏切りたくなかったし、恥をかかせたくなかった。

Ｋ大に在籍したまま、東大を四度受験した。今度こそはと毎回、強く思った。が、結果は敗退だった。四度めの結果を受け、晃さんは突然、絶望感に襲われた。これまでは不合格であってもまだ希望を失わず、つぎの年にチャレンジする気力があった。まだ、なんとかなると自分を信じてもいた。が、ここで、一気に希望と自信が崩壊してゆくのを感じたのである。

晃さんは鬱状態になった。自室にこもり、家族のいる食卓にはつこうとしない。みんなが寝静まってから、台所に行き、晃さんのために用意してある食事を少しだけ摂る。昼夜逆転する生活になり、家族と顔を合わせることはほとんどなかった。顔を合わせられない、という思いの表われだった。

両親はそんな晃さんを心配し、部屋に手紙を入れ、コミュニケーションをとろうとした。両親は東大の理Ⅲへ進むことを強く望んでいたわけではない。二回めの失敗のときにすでに諦め、私立への進学を勧めたほどであった。執着していたのは晃さんのほうだった。両親は大学にこだわることはない、と手紙で晃さんに繰り返し伝えた。しかし、そういわれればいわれるほど、晃さんは自己嫌悪にかられ、落ちこんでいった。

晃さんはK大へ退学届けを出し、家にこもりつづけた。K大への執着はまったくなく、むしろ晃さんにとってはいまいましいものだった。初めからどうでもいい学校で、なんの価値も認めていなかったのだ。

一年間、晃さんは部屋に閉じこもったままですごしつづけた。何もする気が起こらず、未来には絶望しか感じられない。自分にはこの家族の一員としての価値がない、生きている資格もない、と思う。死のうかとも考えるが、自殺するほどのエネルギーさえ残っていない。力を使いはたし、精根つきはてて、晃さんは自分をミイラのように感じていた。

翌年、両親は晃さんに、ある大学の案内書を渡した。自由な校風で知られる私立大学だが、晃さんはその名前を聞いたこともなかった。両親がそこへの入学を勧めるため、もう何もかもどうでもいいと思っていた晃さんは、それに従った。無気力にその大学に通いはじめた晃さんだが、級友たちと接するうちに、やがて心が反応するようになった。自由な考え方の人々が多く、むしろ社会の既成概念に反発し、偏差値教育や学歴社会を否定する。個性豊かで、伸び伸びとしており、おおらかな人間が溢れていた。大学の偏差値レベルは低いが、誰もそんなことは問題にせず、むしろ誇りにすらしていたほどだった。

晃さんはそれまでの価値観が崩壊し、足もとが崩れた。

「親は親、自分は自分」という発想への転換

自分はなんのために頑張っていたのか。あの努力はなんのためだったのか。晃さんは初めて自分を問い直す作業を始めた。受験の失敗は失望を生みはしたが、自分を問うきっかけにはならなかった。考え方の違う人々に会って、初めて自分の生き方を見つめ直す機会を得たのだ。学歴や成績にとらわれない彼らから見れば、自分のやってきたことはなんの意味ももたない。

一人の級友がいった言葉が、晃さんの目から鱗《うろこ》を落とした。

「馬鹿は馬鹿なりに生きればいいんだよ」

それは晃さんにとって驚天動地の考え方だった。晃さんは、馬鹿は生きる資格がないと思っていた自分に気がついたのである。それはそのまま自己否定にもつながっていた。

晃さんは駄目な自分を受け入れる、それをよしとする、という考え方への転換を行なった。その一言をいった年下の友人を心から尊敬もした。そして、今まで

心を通わす友達をもったことがなかった自分にも気がついた。

それから晃さんは積極的に人とつきあいはじめた。人それぞれに考え方が違うという、たったそれだけのことも新鮮だった。自分と似たような環境で、おなじような体験をした人たちもいた。ただ、皆はより早い時期に気づき、脱却していた。やがて、そのなかの一人のある女性と恋愛関係が芽生えた。そして、破局した。

晃さんは喜怒哀楽という感情を体験するようになった。それまで、感情がないと思ったことなどなく、人並みであると信じていたが、恋愛をしてみて初めて、感情というものを味わった。さまざまなことに喜び、嬉しがり、怒り、嫉妬し、悲しむ。それらを味わって、やっと自分にはそれまで感情生活というものがなかったことに気づいたのである。

晃さんの自己は解体した。二十年以上信じてきたものがすべて崩れ去り、消えていった。しかし、その更地《さらち》に今度は新たな自分を作りはじめる作業を開始した。自我の再構築だ。実際には簡単なものではなく、大学の四年間、さらにそのあともつづいた。

卒業後、晃さんは中規模の出版社に就職し、そこでさらに自由な人々と接して、多くを学んだ。やがて仕事上で知り合った女性と恋愛結婚して、子供も生まれた。

自分はまだ完全ではないという感覚は残り、自我が揺らぐこともある。疲れると、受験の夢を見、問題が解けないでうなされる。しかし、生き方についての迷いはなくなったという。

晃さんは両親に対しての不満は昔も今もない。立派な人たちであるという思いは変わらない。

ただ、以前は自分の手本にし、おなじような生き方を目標にしていたのが、今はその対象ではなくなっている。自分は両親ほど頭がよくない、という事実を受け入れ、自分と両親は別の人間だときっちりと分けて考えるようになったという。

今はごく普通の距離をもって、両親とつきあっている。

しかし、何ひとつ問題がないわけではない。受験に失敗したときには頭の悪い駄目な奴、という自己嫌悪が湧いたが、今は自我の目覚めが遅かった駄目な奴、と感じているという。もっとも、それで落ちこむことはもうなく、笑顔で語れるようになっている。

親は子供の自我を刈り取る下手な植木師？

親が立派だと、子供はそのレベルに合わせようとする。人に敬われ、褒められる親を見ていると、自分もそのように生きるのが当たり前だと感じてしまう。子供は一生懸命に背伸びをして、立派さに近づこうとするのだ。

立派な親もまた、子供に対しては立派な躾や教育をする。礼儀を教え、マナーを身につけさせ、大人のような振る舞いができるほどに躾る。そして、それらに完璧に応えることができてしまう子供たちがいる。が、そこにはアダルト・チルドレンを生み出す要素のひとつが隠れている。子供らしい子供時代の喪失、という情緒の成熟を阻む状況が潜んでいるのだ。

親の躾や教育というのは、無意識の期待と要求でもある。それが立派であればあるほど、要求水準も高くなる。それに子供は必死で応えようとするのだ。本来もっている無邪気さや甘え、わがままや欲求は抑圧せざるをえない。かなり高度な自分をそこで作ることにもなる。これは多大なエネルギーを消費するはずだ。

子供にとっては、親の期待に応えられるかどうかは死活問題でもある。もし応えられなかったら、愛してもらえない、認めてもらえないと思ったら、なんとしてでも期待に応えざるをえないのだ。

躾や教育というのはたしかに必要なことであり、社会性を身につけるにあたって大切なことだ。だが、度を超すとそれらは〝調教〟となり、精神的な〝去勢〟となる。エネルギーや自発性を奪い取り、自然な情動や生き生きとした感情をそぎ落とす。

なぜなら子供は自分勝手でわがままで、理屈がわからず人のことなど考えない、というのが自然な姿だからだ。礼儀やルールにとらわれて行動するのは、それだけですでに子供の本来の姿ではない。

中原中也《なかはらちゅうや》の詩に、つぎのような一節がある。

わが生《せい》は、下手な植木師らに
あまりに夙《はや》く、手を入れられた悲しさよ!
由来我が血の大方は

頭にのぼり、煮え返り、滾《たぎ》り泡だつ。

「つみびとの歌」

医者の長男として生まれ、期待をかけられ、幼少期には成績のよかった中也もやがて詩を志し、学業を放棄する。放蕩無頼を繰り返し、一度も働くことなく親の仕送りで生活し、三十歳の若さで病死する。今でいえば典型的なアダルト・チャイルドだ。それゆえ、「下手な植木師らに……手を入れられた悲しさよ！」という一節は、アダルト・チルドレンの本質をついている。自我が固まる前に刈られ、枝を切られ、曲げられ、あるいは伸ばされ、本来あるべき形とはまったく別の形が作られてしまうのだ。

子供の心を蝕む、親の条件つきの愛情

暗黙の要求を受けるということは、ありのままでは不十分ということにもなる。親の期待や要望に応えなければ愛してもらえない、努力しなければ認めてもらえ

ない、という感覚が子供のなかに芽生える。これもアダルト・チルドレンを生み出す要素だ。ありのままの自分ではいけない、という無意識の否定ができあがってしまうからだ。

本来、子供はただ存在するだけで愛されるべきものだ。たとえ頭が悪かろうが、容貌が醜かろうが、性格が複雑だろうが、神経質であろうが、親は子供を無条件に愛する、というのが理想だ。それによって子供は、自分は愛される価値があると感じ、自分の存在に自信をもつ。そこを自分のいるべき場所であると感じることができ、自分を抱く親を、安全を与えてくれる存在として、信じることができる。自分は望むことを要求できる、それらは満たされる、という万能感が芽生えるのだ。

大人が万能感をもっていたら妄想になってしまうが、子供にとっては、これが存在するにあたって必要な感覚だ。自分の存在が喜ばれ、価値あるものと感じなければ、子供は生存のための欲求を表現することができない。泣きわめき、ミルクやおむつ交換などの世話を要求しなければ、子供は生きてゆけない。自分にはそれだけの価値があると思わなければ、堂々と大人を呼びつけることはできないのだ。

そうした要求が満たされないと、自分はそれに値する価値がない、と感じるようになる。大人でも、いつも自分の要望が受け入れられないと、自分はないがしろにされていると感じてひどく傷つく。恋人が常に約束をすっぽかしたりすれば、愛されていない、どうでもいい存在なんだと感じて自分に自信をなくす。それは子供でもおなじだ。むしろ、子供にとっての親の存在は大人の人間関係よりもはるかに重いから、そのダメージも大きい。自信はどんどんそがれて薄くなってゆく。

人間の性格は、誕生直後からすでに築かれはじめる。赤ん坊のときの母親の対応が、子供にとっては大きな影響力をもつのだ。母親が豊かな愛情をもってこまやかな世話をすれば、子供は自信が芽生え、安心感が生まれる。反対に母親があまり愛情がもてず、泣いても放置して世話をしなければ、子供は自信を失い、心も不安定になってゆく。

虐待のひとつにネグレクト（放置）という子供の世話をしない形があるが、これをされた子供は通常よりも発育が遅れるという。暴力をともなう虐待にも共通することだが、仮に食べ物だけは十分に与えられていたとしても、他の子供のようには成長しない。精神的なストレスが強いと成長ホルモンの分泌が阻害され、発達が遅れるともいわれている。食べ物という物理的なエネルギーだけでは、人間が生きるには不十分なのだということがわかる。

母性愛は本能であると考えられている。しかし、実際は人間にどの程度の本能が残っているか定かではない。

母親自身が愛情に恵まれていなければ、愛情溢れる存在にもなれない。愛情があったとしても、子供のとめどない欲求すべてに応えられるほど、エネルギーに満ちた人ばかりでもない。万全な世話ができなくても、それはしかたのないことでもある。

さらに問題になるのは子供が少し大きくなってからで、このとき、親が子供にいろいろな要求をすると、それは愛情との交換条件のようになってしまう。いい成績がとれないと愛してもらえない、きちんと挨拶ができないと価値を認めてもらえない、と感じると、愛は条件を満たしたときにのみ得られるものと思ってしまう。ありのままの自分で十分に愛されるとは思えない。

条件つきの愛では、自信や自尊心を育てることはできないのだ。

自立をするために必要な〝親殺し〟

立派な親をもつと、子供は多大なエネルギーを消費しなければならない。親の期待、すなわち高い要求水準にそうように、子供は一生懸命に努力をしつづけるからだ。

いろいろな能力に恵まれ、力強い子供であれば、目標に向かって邁進することもできるだろうが、それらに恵まれなかった子供はどうなるのだろうか。恵まれていたとしても、子供は親の水準にいきなり近づこうとするから、背伸びはまぬがれえない。ほとんどの子供が無理を重ねる結果になるはずだ。

人は成長過程において精神的な〝親殺し〟をすると心理学ではいわれている。幼少期には親を絶対の存在と見なし、尊敬し、依存し、愛し、真似をするが、やがて自我が目覚める。親の影響下から離れ、一人の人間として独立しようとする欲求が芽生える。その時期、親に対しての見方が客観的、批判的になり、反発や否定の気持ちが湧きあがってくる。精神的に親を否定する、いわば殺すという作業が行なわれるのだ。思春期に生じる〝反抗期〟がこれにあたる。

このプロセスを経て、人は自我を獲得し、独立した個性を築きあげる。アイデンティティの確立だ。

アイデンティティは日本語本来の言葉がなく、〝自己同一性〟と訳されているが、どういうことなのかわかりにくい。ようするに〝自分らしい自分であること〟なのだろう。インディビデュアリティ（個別性）という単語も適訳がないが、日本語には〝個人〟や〝自己〟などに関する言葉がとても少ない。日本の文化や社会のなかでは必要とされない概念だったことがわかる。親の世代や私たちが、自我の確立に四苦八苦しているのも、このあたりに原因のひとつはありそうだ。

しかし、精神的親殺しをすべての人が行なうわけではない。思春期に反抗期がなかったという人も結構いるものだ。特に親が立派な人である場合には、否定や批判の材料を見つけにくいから、〝精神的親殺し〟の作業も難行するのかもしれない。

表面だけ立派で実は人間性に問題がある、という親ならば、さほど難しくはない。学歴や社会的地位がいくら立派でも、内面が豊かでなければ、子供は敏感に見抜く。そういう場合にはかえって否定や批判もちやすく、子供も偽善者とののしって容易に反抗できる。このようなケースではグレる子供も多い。比較的わかりやすいパターンだ。

だが、親の欠点を見つけることができず、否定することができない場合は、どうなるのだろうか。尊敬し、理想化し、おなじようになりたいと考える人々もいる。政治家やスポーツ選手などには、二世として、親とおなじ世界に入る人々も多い。本人も親とおなじくらいのレベルに達したり、それを超えることができれば問題はないだろう。アダルト・チルドレンにはならない。

が、そうなれなかった場合には、精神的な挫折感を味わわなければならない。困難な状況に直面することになるのだ。

常に正論で子供を諭す立派な両親のもとで

立派な親をもつアダルト・チルドレンは特別な少数派ではない。取材をしていて気がついたことだが、あるパターンがよく出てくる。多いのが親が教師、医師などの職業、そして、クリスチャンであったり、他の宗教であれ熱心な信仰者である、という要素だ。それが重なっている場合もある。

久子さんもそのなかの一人だった。父親は高校の教師、母親は中学校の教師を務め、ともに働いていた。上に兄と姉がいて、久子さんは末っ子だった。母親の生まれた家は両親がクリスチャンで、子供たちは全員、幼いころに洗礼を受けている。母親もずっと信仰をもちつづけ、やがて、キリスト教系の大学に進んだ。そこで先輩であり、おなじくクリスチャンである男性と知り合い、結婚したのである。

久子さんたちも子供のころから教会に通い、物心ついたときにはクリスチャンとして生活をしていた。誰も嫌がることもなく、信仰を自然に受け入れていた。教師である両親は学校での人望が厚く、生徒たちからも慕われていた。家に遊びにくる生徒もいたし、クラス会にも呼ばれ、年賀状も多かった。優しく、思いやりがあり、誰にでも平等に接する先生と、父親も母親も評判が高かった。子供たちの目から見ても、けっして感情的に怒ることはなく、子供の気持ちを尊重してくれる両親は、信頼できる存在だった。

久子さんは両親の人柄を語ろうとすると、決まってあるエピソードを思い出す。長男の兄が、学校での出来事を両親に話していたときのことだ。

「N君の家は離婚して、お母さんが水商売してるんだって」

両親は一瞬顔を見合わせ、すぐに長男と向き合った。そして、人の家庭のことを噂話にするのはいけないことであり、離婚を差別的に見てはいけない。もっといけないのは仕事を差別することで、水商売であることで見下すようなことは断じてあってはならない、と諭《さと》した。

「でも、僕がいったんじゃない、みんながいってたんだよ」

長男がそういうと、今度は両親は罪について話しはじめた。人のせいにするのは恥ずべきこと、誰が始めようが自分がそれに参加したらおなじ罪を犯すことになる、ということなどを説明した。長男は納得し、素直に自分の過ちを認め、謝罪した。隣でそれを聞いていた久子さんは、両親の教えを胸に刻みこんだ。

両親は常にこのように、ひとつひとつていねいに子供に物事の善悪や道徳を教えていった。

久子さんはおとなしい〝いい子〟で、成績もよかった。積極性に欠けるのでクラス委員などには選ばれなかったが、クラスのよりおとなしい子の面倒などをよく見、それは教師からも評価されていた。

久子さんに比べ、長男は活発で外向的、友達も多く、リーダー的な存在だった。その下の長女も気が強く、勉強は熱心にするし、音楽や美術を好み、力を入れていた。

だが、長女は高校入試のとき、突然、親や教師の勧める高校を断わって、自分の望む学校へと進路を変えた。初めての反抗だったが、両親はすぐに娘の希望を聞き入れてくれた。長女はその後、よく街を遊び歩くようになり、夜遅くに帰宅しては親に諭される、ということを繰り返すようになる。が、大きな問題行動を起こすことはなく、大学へと進んでいった。

久子さんは中学生になっても高校生になっても生活態度は変わらず、目立つことはないが人に嫌われることもない、いい子でありつづけた。変化が起きたのは高校三年のときだった。

自分への自信を高めるための過食と拒食

久子さんは「ダイエットを始める」といって、食事の量を減らしはじめた。主食の御飯にはいっさい手をつけず、野菜と汁物だけで食事を終えてしまう。大学入試を控え、家族は心配したが、空腹のほうが頭が働くといって、久子さんはダイエットをやり通した。何か大きなきっかけがあったわけではなく、ある日突然、体の脂肪が気になり、それを落としたいと感じたためだった。体重は減ってゆき、見た目にもやせたのがわかる。が、久子さんは元気だった。

入試は第二希望に合格し、家族も久子さんもほっとした。両親はこれでダイエットをやめるだろうと思い、久子さんにもとに戻すようにと懇願した。親に諭されるとしかたなさそうに、少しずつ食べるので、急激な体重減少は止まった。大学が始まり、しばらくは普通に生活するようにもなり、体重ももとに戻りはじめた。が、二年後、ふたたび久子さんはダイエットを開始したのだ。今度のダイエットは徹底しており、スープしか飲まない、サラダしか食べない、という状態で、あっというまに体重は減っていった。がりがりにやせてゆくのだが、久子さんはそれを嬉しそうに鏡で眺め、外出する。以前よりも化粧が濃くなり、おしゃれにも気を遣う。

人から見ると以前の美しさは損なわれているのに、久子さんは前よりも自信を高めているように見えた。

体重は四十キロを切り、顔色も悪くなり、病的なやせ方になった。久子さんは人にいわなかったが、生理もすでに止まっていた。そのころになって、両親は娘が〝拒食症〟であることにやっと気づいたのである。

母親に連れられて病院の内科を受診した久子さんは、精神科を勧められ、紹介状を受けとることになった。この時期、久子さんは自分でも情緒的な不安定さを感じており、不眠や不安などの症状にも苦しんでいた。「精神科に行きなさい」といわれても、反論するどころか、ほっとした感覚がどこかにあったという。

精神科ではすぐに入院を勧められ、久子さんは両親の顔を振り返った。入院と聞いて、自分が重病であるという自覚が湧き、親に恥をかかせてしまった、という思いが頭をよぎったのである。が、同時に救いが得られたような安堵感もある。

複雑な表情の久子さんを見て、両親は入院を勧めた。両親の顔にも、また複雑な表情があった。

入院後、食事をしはじめると今度は過食症になり、それを恥じた久子さんはまた拒食をするということを繰り返した。三カ月間の入院を経て、やや落ち着きを取り戻した久子さんは退院した。大学は休学し、カウンセリングに通いながら一年以上をすごすことになったのである。

この間、両親はただ何もいわずに世話をしてくれたという。カウンセリングは両親も受けており、そこで何が話されたのかはわからないが、以前よりも諭されることが少なくなったのはたしかだった。

しかし、久子さんにしてみれば、それは親に突き放されたようで寂しく感じることもあったという。

久子さんはカウンセリングを受けるうちに、自分がこれまでずっと無理をしてきたことに気がついた。親の理想にかなうように頑張りすぎていたこと、それは自然な自分ではなかったことを理解するようになっていった。拒食もまた〝頑張り〟であったのかもしれないとも思ったという。

そうしたプロセスを経て、徐々に精神的にも身体的にも健康を取り戻し、やがて病院に通いながらも大学へ戻ることもできた。

卒業後、ある会社にアルバイトで入ると、そこの社員である男性と恋愛し、結婚に至ったのである。その後は主婦業をこなし、普通の生活をしているが、子供はいない。子供を育てる自信がない、といって、夫に妊娠の猶予をもらっているという。

拒食や過食は、傷ついた心の叫び

拒食や過食などの摂食障害をもつアダルト・チルドレンは多い。斎藤学医師によると、摂食障害をもつ人は圧倒的に女性が多く、また、「ブロークンホームの出身者が極端に少ない」（『あかるく拒食ゲンキに過食』伊藤比呂美・斎藤学著／平凡社刊）という。

両親がいる家庭で、比較的いい子を演じてきた人がなりやすく、特に拒食症は立派な親をもった人に現われる率が高い。拒食は食欲をコントロールするという自分に対しての勝利であり、親への対抗になりうるものだともいう。

拒食症は一九八〇年代以降、話題になることが多く、さまざまな説が説かれるようになった。母親との葛藤を根にもつ女性性の拒否であるとか、弱い自分を見せて助けを求めるメッセージであるとか、支配的な親への反抗など、解釈も多い。おそらくすべてが正しく、人によっていろいろなパターンがあるのだろう。

久子さんは拒食症患者の典型的なパターンともいえる。拒食のあとに過食が生じるというのは非常に多いケースといわれ、やがて過食のみに進んでゆくことも多いという。比率でいえば拒食よりも過食のほうが患者数は圧倒的に多いとされているが、やせ細って病院に連れてゆかれるのは拒食の患者がほとんどなため、目立ちやすいのだろう。

太っていても誰も心配はしないが、やせれば誰もが慌て、心配する。拒食を起こす人は、人から保護されたいという欲求があるから、心配されて病院へ連れてゆかれるというのは、けっして嫌なことではない。それに比べ、太った過食症の人を病院に連れてゆこうとする人はいないし、本人も太ったことによって人と会うのを嫌がって外出しないため、表面化することが少ないという。

摂食障害は心の問題の表われだ。親が立派であると、子供はその存在に押し潰されてしまう。親のいうことはいつも正しく、二人とも悪いことはけっしてしない。子供が悪いことをしたり悪い考えをもてば、すぐさま修正が加えられる。しかし、人間はそれほど清らかな生き物ではないから、ときには邪悪な心ももつ。意地悪な考えが浮かんだり、人のことを悪くいいたくなることもある。そんなとき、立派な親をもった子供は、自分のなかのネガティブな部分をすぐに打ち消さなければならない。こんな考えをもってはいけない、こんな悪いことを思う自分はいけない人間だ、と自分を否定する。誰が否定するのでもなく、それは自分で行なわなければならないのだ。

よくない考えを抱いた子供は、自分を汚れた人間だと感じてしまう。特に教育者や宗教者などのもつ道徳律は厳しく、理想が高い。そうした人々の説く道徳や宗教の教えでは、よくないことをするだけではなく、邪《よこしま》な考えをもっただけで、罪とされる。ふと邪念が心をよぎっただけでも反省しなければならないのだ。人は年じゅう反省しなければならなくなる。

頻繁に罪の意識を抱かねばならないとしたら、子供の心は自爆してしまうだろう。自分は悪い人間だと感じるだろうし、恥ずかしいと思うかもしれない。

ここでもやはり、自信はそがれ、自尊心は育たなくなる。傷ついた心を抱え、それを誰かにわかってほしいと思うかもしれない。

アダルト・チルドレンのなかには〝リスト・カット〟をする人もいる。手首を切るのだ。大量出血するほど深く切るわけではなく、表面にナイフなどで切り傷をつける。出血はするが、それほど大事にはいたらない。

こうした自傷行為は、自分の心はこれだけ傷ついているということの表現だ。傷ついている、だから助けてほしい、そういう心の叫びといえるだろう。いくども繰り返す人も多いし、なかには本当に自殺にいたってしまう人もいる。

摂食障害でも死にいたる人々はいる。アダルト・チルドレンの表現は命を賭けた叫びなのである。

立派な親をもつ子の問題行動は自我確立への通過儀礼

立派な親をもったとしても、すべての人がアダルト・チルドレンになるとはかぎらない。なんの問題もなく、健康な自我を築いて大人になる人もいるし、親とおなじように立派になる人もいる。また、人よりも多少派手な反抗期を経て、その過程をたどる人もいる。

思春期に問題行動を起こすと、多くの親は心配し、怒り、それをやめさせようとする。しかし、反抗期をもつというのは健康なことであり、成長にとって欠かせないことでもある。親との葛藤が人より強ければ、反抗期も普通よりも激しくなるのは当たり前のことだ。

立派な親をもつと、それに対抗し、自分らしい自分を築こうとするときに大きなエネルギーが必要になる。親は立派だけど自分はそうじゃない、そうなりたくもない、と思った子供は、その立派さに反抗する。立派さの対極にある悪さや駄目さを打ち出して、張り合おうとすることもある。

「親は立派なのに、あの子は……」という言葉が聞かれることがあるが、それは子供の側の自己主張だ。

親に共感しなかった場合、子供は親と正反対のことをして、自分の考えを表現しようとする。摂食障害ばかりでなく、学校を中退したり、非行に走ったり、家出したり、就職しなかったりする人々もいる。

それは親とは違う自分であろうとする行為だ。それを無理に矯正しようとすれば、反抗はますます強まるし、自我が阻害される。

犯罪行為や人に迷惑をかけるレベルまでエスカレートするのは問題だが、多少の逸脱程度であれば、大騒ぎするのは逆効果になりかねない。未熟な自己表現ではあるが、だからこそ成長が必要なのだともいえる。むしろ、自我の確立への通過儀礼として、見守るほうが子供に対する支えになるだろう。

〝いい子〟として大人になり、あとで息切れして駄目になってゆくよりは、思春期に親とぶつかったほうが本人が健康になれる可能性は高い。反抗する側も自信をもってやるべきだし、される側は余裕をもって受け止めるのが理想だ。

問題行動はけっしてマイナスなことではなく、大いなるプラスの意味もあるのだということを認めたとき、本当のプラスの可能性が生まれるのだ。

第6章

子供の登校拒否や暴力に直面するとき

一生懸命に育てたはずの子供が問題を起こすとき

自分はアダルト・チルドレンだとは思わない。普通の大人だと思うし、常識的で健全だ、一生懸命にやってもいる。それなのに、子供が問題を起こしてしまった、なぜだろう。そう悩む人々がいる。

子供が登校拒否になってしまった、家に帰ってこなくなってしまった、暴力を振るうようになったなど、問題の内容は多彩だ。親は何が悪いのか思い当たらないし、どうすればいいかもわからない。子供が何を考えているのかもわからない。

親は誰でも精いっぱいやっている。子育てにも日々の生活にも、できるかぎりのことをやり、力をつくしている。意識的に状況を悪くしようと思う親はいないし、子供に悪影響を与えようと思って接している親もいない。何かが間違っているとは思えないし、問題があるとも思えないものだ。

しかし、子供に問題が生じたときには、やはり家庭に問題があると考えるべきだ。問題のない土壌に問題は芽生えない。

どんなに精いっぱいやっていても、人の生き方に完全という文字はなく、傷のない人間はいない。自分では万全と思っていても、人から見れば欠陥だらけという場合も多い。

特に親と子の関係の場合、その〝共依存〟的性格から、親は自分の子育てに錯覚をもちやすい。これだけ力を注いだのだから、こんなに時間と手間をかけたのだから、これほど一生懸命やったのだから、という思いで、自分の子育てを高いレベルで評価する。自己犠牲の強さと並行して考えるのだ。が、それと子育ての〝質〟とは違う。

世の中の、特に母親はそれを混同しやすい。こんなにつくしたのだから問題はないはず、と誰もが考える。だから子供が突然問題を起こすと、動揺し、事態を把握できなくなってしまう。

子供がまだ思春期であれば、ほとんどの場合、悪くなったのを友人や環境のせいにする。自分に原因があるなどとは思ってもみないし、認めたくないことだからだ。なかには一生、認めようとしない人もいる。

しかし、子供の問題によって、自分の問題に気づく人も多い。隠れていた問題が子供によって引き出され、そこで初めて自分のなかに問題があったことを悟る。悟ったことによって自分を見つめ直し、本当の自分を取り戻すことにもつながってゆく。

繰り返し述べているように、問題行動は自己表現だ。未熟な歪んだ表現ではあるが、本人にとってはそれしか表現のしようがないのである。それは、自分らしい自分を取り戻すために必要な過程でもあるのだ。

やっている本人にとっても、それはつらい時期だ。だが、それを経たあとには素晴らしい収穫がある。怒りや悲しみ、喪失感、孤独との直面などのネガティブな感情、逸脱・問題行動などのすべてが、肥料となり勲章となる。回復したあとには、みずみずしい豊かな自分を生きることができるようになるのだ。

これは親にとってもおなじだ。子供の問題行動という事実から目を背けずに、それを自分の問題として受け止めれば、おなじチャンスになるのである。

子供が問題を起こせば、誰もがそれを災厄と見なして苦しむ。しかし、それを自分再発見の絶好のチャンスととらえれば、素晴らしい贈り物になるのだ。

母と弟を支えつづけた優しい娘

子供が突然、親に暴力を振るうようになることがあり、それは家庭内暴力と呼ばれる。本当は父親が暴力を振るうケースが一番多いはずだが、親が暴力を振るっても家庭内暴力とは呼ばれない。それは普通のことだったからだろう。そして、子供が親に手を上げるというのは道徳的な教えに反した社会的タブーであったから、あえて家庭内暴力という言葉が使われ、問題視されたのだろう。たしかに、弱い立場の者が強い立場の人間に立ち向かうのだから、別な意味での問題がそこにあるはずだ。

葉子さんも家庭内暴力の当事者だった。ある日突然、娘の美和さんに殴られる側になったのである。

葉子さんは結婚後九年で夫と離婚している。夫は結婚当初から女性問題を起こし、もめごとが絶えなかった。結婚八年めを迎えた年、夫は家に帰らなくなり、一方的な方法で別居状態に突入した。調べると女性とマンションに暮らしており、やがて夫からは離婚届けが送られてきたのである。話し合いたいといっても、話などないと夫は応じようとしない。ただ離婚したいといいつづける夫に、葉子さんもプライドが傷つけられ、諦めて離婚届けに捺印した。慰謝料もなく、養育費も約束はしたが、結局、支払われることはなかった。

葉子さんには当時七歳の美和さんと三歳の義彦さんの二人の子供がおり、離婚後は三人での生活が始まった。結婚前、デパートに勤めていた経験を生かし、契約社員としてまた百貨店で働きはじめた。経済的にはなんとか立ちゆくようになったが、葉子さんの心は結婚の失敗、捨てられた女という敗北感で暗く沈んでいた。

幸いなことに子供たちは健康に育ち、特に上の美和さんはよく気のつく〝いい子〟だった。拙《つたな》いながらも家事を手伝ってくれるし、疲れて帰ると肩を揉んでくれる。弟の面倒もよく見て、残業のあるときには御飯も食べさせていた。葉子さんが眠れずにテレビを見ていると、横にきてじっと座っていた。

成長とともに美和さんはますます母親の助けになっていった。仕事の愚痴にも理解を示してくれ、結婚の失敗を嘆けば慰めてくれる。自分の苦労をわかってくれるのはこの子だけだ、と思い、精神的な拠り所になっていった。

ある晩、疲れた葉子さんは過去を思い、これからの不安にもとらわれ、落ちこんで一人で台所で酒を飲んでいた。起きてきた美和さんは葉子さんの背中を撫で、優しく顔を覗きこんだ。

「大丈夫だよ、お母さんは頑張ってるんだから、いいことがあるよ。お母さんは悪くないんだから」

葉子さんは思わず涙が溢れそうになり、美和さんの腕によりかかった。娘を生んでおいてよかった、としみじみと思ったという。弟のほうはぼんやりとしていることが多く、姉に甘えるばかりで頼りにならなかった。美和さんはずっと母親と弟の二人を支えていたことになる。

娘の夢を潰すのも親の愛？

中学、高校と美和さんは成績も中の上を保ち、アルバイトをしながら家事もこなした。経済的な余裕はないため、就職することは親子のあいだで暗黙の了解事項になっており、美和さんはある大企業を受け、入社が決まった。葉子さんは誇らしかった。しかし、そのあとで、意外なことをいいだしたのである。

美和さんは、本当はツアー旅行の添乗員になりたいと思っている、と葉子さんに打ち明けた。そのために、添乗員資格を取るための旅行業界の専門学校に行きたい。働きながら二部に行って、やがては転職したい、というのだ。

葉子さんは驚いた。美和さんは自分の貯金通帳を出して見せる。アルバイトで貯めた金額の数字がそこに並んでいた。が、専門学校入学のためには足りない。給料をもらったら返すから、その分を貸してほしい、と美和さんはいう。

葉子さんはただちに頭を横に振った。「旅行の添乗員？　とんでもない」と大声が飛び出していた。添乗員などになられたら家にいなくなる、事故に遭うかもしれないし、飛行機事故で死んでしまうかもしれない。そんなことはさせられない。

葉子さんはせっかく入った大企業のよさを強調し、美和さんの選択を愚かな誤ったものだと主張した。厚生設備や待遇など、一流企業がいかにありがたいものかを延々と説明する。そして、旅行の添乗員など実際は苦労ばかりだと、若いから憧れているだけなのだと、声を高めた。

「あなたがいなくなったら私はどうなるの」

葉子さんは最後には涙声になった。その強硬な態度に、美和さんは溜息をついた。家から必要な金額を借りられなければ、専門学校に進むことはできない。とりあえず、今年は諦めよう、来年、自分でお金を貯めてから入学しよう、と美和さんは考えた。

美和さんはそれは告げずに、諦めたことだけを葉子さんに伝えた。葉子さんはほっと胸を撫で下ろした。

一年後、お金を貯めた美和さんは、あらめて葉子さんに専門学校に行く意思を告げた。通帳を見せ、金銭的な負担はかけないですむことを説明する。葉子さんはふたたびおなじ理由を並べ、反対する。しかし、今度は美和さんのほうも引かなかった。

葉子さんは、娘の判断を間違っていると信じて疑わなかった。大企業を捨ててまで、危険の多い職業に就くことは馬鹿げているとしか思えない。一時の錯覚であり、実行すれば必ず後悔する、と思っていた。そして、葉子さんは美和さんの留守中、先日見せられたばかりの通帳を取り出した。お金さえなければ専門学校には行けない。今は気の迷いでいってるだけ、いつか娘も私に感謝するはず。葉子さんは、美和さんの貯金をそっくり引き出してしまったのである。

親を支えてきた優しい娘がいきなり豹変するとき

その事実を知った美和さんは葉子さんに詰め寄った。が、葉子さんは考えを変えるようにとしかいわない。すでに話の嚙み合わない状態で、美和さんはお金を返してくれといい、葉子さんは返さないと言い張る。そして、葉子さんの思惑どおり、専門学校の入学手続きに間に合わなくなってしまった。美和さんは不機嫌な顔をしていたが、今までどおり会社には行っていた。

葉子さんは引き出したお金をまた美和さんの口座に戻したが、美和さんは何もいわなかった。以前のようには話もしてくれなくなり、飲み歩いて、夜遅くに帰ってくることも多くなった。弟は前に比べて家事をやらなくなった姉に文句をいいながら、カップラーメンばかりを食べて自分では何もしようとはしない。三人それぞれの距離が遠くなったようだった。

半年ほどたったある日、異変が起こった。土曜日の夜、食事をしながらテレビを見ていたときだった。画面には海外旅行の映像が流されている。それを見ながら、葉子さんは美和さんに顔を向けた。

「旅行はやっぱりお客さんで行くのが一番よ、ね。気楽でいいじゃないの」

つぎの瞬間、葉子さんの顔に味噌汁が降りかかった。一瞬、何が起きたのかわからなかったが、つづいて野菜や皿、箸や醤油などが飛んでくるうちに、美和さんの形相が目に映った。初めて見る怒りの表情で、美和さんはその口から大声を浴びせかけた。

「何いってんのよ、このババア、ふざけんじゃないよ、死ね」

言葉はつぎつぎと溢れ出て、物も飛びつづける。つづいて手が振り下ろされ、葉子さんの頭を直撃した。拳で何度も叩かれる。呆然と見ていた弟が立ち上がり、美和さんに近づくと、椅子を振りまわして弟に向ける。物は弟に向かっても投げられ、すぐに弟は身を隠す。葉子さんはぶるぶると震え、ただ両腕で頭をかばうだけだった。

しばらくすると、美和さんはテーブルを蹴飛ばし、部屋を出ていった。そして直後に、玄関で激しい音をたて、家を出て行くのがわかった。その日、美和さんは帰ってこなかった。

それからというもの、突然、美和さんは怒りだし、暴力を振るうようになった。物を投げ、ガラスを割り、家具を倒す。そして、葉子さんを殴り、蹴った。ときには弟に対しても、物を使って殴りかかった。

美和さんは会社に辞表を出し、退職した。もう、葉子さんは何もいわなかった。下手なことをいって殴られるのが怖かったからだ。失業状態になった美和さんは、昼すぎまで寝ていたかと思うと、起きてすぐにビールを飲みはじめる。葉子さんが勤めから帰ると、酔った美和さんは玄関で棒を持って待っていたりもした。暴力は予期できなかった。

〝逆転親子〟のつけと破綻

何がいけないのか、初め、葉子さんにはわからなかった。あんなに〝いい子〟

だったのに、私も一生懸命に育てたのに、どうしてこんなにふうになってしまったのか。

だが、それはしだいに明らかになっていった。

「かわいそうだと思って優しくしてやりゃあつけあがりやがって。なんでも思いどおりになると思ったら大間違いなんだよ」

「悪いのはみんな人のせいにして、自分はちっとも反省しないじゃないか。そんなんだから男に捨てられるんだよ」

「いい年しやがって、ぶりぶり甘えるんじゃないよ、人の人生の寄生虫だよ、あんたは」

美和さんにいわれた言葉だった。最初は八つ当たりだと思って聞き流していたが、あとで考え直してみると、ただの罵詈雑言《ばりぞうごん》ではなく、自分に当てはまることがわかってきた。

それと同時に、葉子さんは愕然とした。初めて美和さんの考えがわかったからだ。それまで、美和さんが何を考えているのか、ちゃんと知っていなかったということに気がついたのである。

美和さんには自傷行為も見られた。髪をざんばらに切ってみたり、煙草の火を手に押しつけてみたり、剃刀《かみそり》の刃で腕に傷をつけたりもする。それを葉子さんの目の前ですることもある。どんなに止《と》めても、頼んでも、やりはじめると、止まらない。おろおろする葉子さんの顔を見て、美和さんは冷たく笑う。だが、翌日になるとそれらの傷が痛むらしく、苦痛に顔を歪ませる。そんなようすを見ると、葉子さんはたまらなくかわいそうになった。

暴力を振るわれれば、葉子さんは怖さを感じる。憎らしくもなるし、殺してやろうかと思うこともある。なぜ、自分がこんな目にあわなければいけないのか、とも思う。

と同時に、荒れて自分を傷つける娘が哀れで、かわいそうにもなる。葉子さん自身が混乱し、疲れ、おかしくなりそうだった。

家庭内暴力に関する本を読み、葉子さんはいくつかを実行した。そこには抵抗してはいけないこと、謝ることなどが親のすべきこととして書かれていた。美和さんの怒りが爆発したとき、葉子さんは手をついて謝ってみた。実際、本当に甘えてばかりで悪かったという思いも、このころには生まれていた。専門学校への進学も、反対すべきではなかったと、そのころには思うようになっていた。

葉子さんが謝ると美和さんはびっくりしたようすを見せたが、怒りは収まらなかった。

「いまさら謝ってすむと思うのか」

そういって手を踏みつける。葉子さんはひたすら謝りつづけた。

そんなことを幾度も幾度も繰り返した。いつか収まる、気のすむ日がくる、と葉子さんは思っていた。初めのころに比べれば、暴力の爆発する回数も程度も低くなっていたからだ。

八カ月がすぎたころ、美和さんの暴力はやんだ。精神的にはまだ不安定で、いいコミュニケーションはとれないが、今までのような怒りを向けることはなくなっていった。それまでエネルギーを使った反動でもあるかのように、むしろ静かになり、何もしなくなった。

さらに健康を取り戻し、仕事を見つけ、ふたたび働きだすまでに、一年が必要だった。そして、そのころには、ふたたび葉子さんとも言葉を交わすようになっていた。

子供の暴力によって気づかされた自分の問題

葉子さんは娘の家庭内暴力で、多くのことを学ぶ結果になった。美和さんにいわれた言葉は、葉子さんのそれまでの生き方を見つめなおさせるものだった。娘に甘え、依存し、親子関係が逆転していたことに気がついたのである。

自分が娘に頼ったせいで、彼女は無理をして背伸びをし、一生懸命に保護者の役割を演じなければならなかった。思い起こしてみれば、美和さんが甘えたことはほとんどなかった。葉子さんはそのことに気づき、涙が出たという。つらかったろう、と思ったのだ。

弟も姉に甘えきっていたのを反省したらしく、洗濯や食事の後片づけなどを手伝うようになっていた。弟は高校を中退しかかっていたのだが、美和さんの一件で考え方を変えたらしく、きちんと卒業して就職もしていた。葉子さんにとって、それは嬉しいことだった。

一連の出来事以来、葉子さんは強くなろうと努力を重ねている。娘に頼っていた自分こそが一番問題なのであり、娘と自分を一体として考えていたことが今では自覚できる。娘の存在は自分のためにあると、それが当然のことのように思いこんでいたのだ。だから、娘の人生を自分の望むようにするのも当たり前だと思っていたのである。

そうしたことが間違いだということに気づき、すべての原因はそこにあったことにも思いいたった。

美和さんが落ち着いてから、葉子さんは何人かの人にこのことを打ち明けた。ほとんどの感想は、「あなたが子供を心配する気持ちはわかる。でも、やりすぎだ」というものだった。離婚当時から相談に乗ってもらっている友人はこういった。

「いつかそんなことがあってもおかしくないと思ってた。美和ちゃんは〝いい子〟すぎたもの。あなたはべったりだったし。どこかに無理がある、つづくはずないと感じてた。正直いって気持ち悪かった」

そうした人々の意見を聞くと、自分が悪いと認めざるをえない。いつでも自分は被害者だと思っていたその信念が崩れてゆくのを感じた。自分はもっとしっかりしなければいけない。実際は、その境地にいたるまでには、何年もの年月がかかっている。

美和さんは数年後、海外旅行で知り合った男性と結婚した。美和さんと葉子さんの関係は以前のような〝逆転親子〟ではなくなり、女どうしのつきあいになっている。とはいっても、葉子さんの頼りなさと美和さんの〝しっかり者〟は抜けず、娘が母親の面倒を見ることは多い。そこに無理がなくなった、というのが変化の内容である。今では友達のような親子、と二人ともがいう。

親が不幸を訴えると、子供は「子供らしい時代」を失う

家庭内暴力がどの程度の割合で起きているのかは把握されていない。ほとんどの場合、それは恥として隠蔽されてしまい、語られることがないからだ。そうして、問題はますます解決されにくくなる。

他の問題でも同様だが、隠すという行為は解決から遠ざかることになる。人に話すということは問題を見詰め直す作業でもあり、客観的意見を受けるというの

は、それをさらに整理することにつながる。そこから回復につながってゆくのだ。

家庭内暴力は一時的なものが多いといわれる。なかには一生つづくようなケースもあるというが、それがどのくらいの率で起こるのかはわからない。多くは子供の怒りのエネルギーが使い果たされて、終焉を迎えるという。

ときには子供が親を殺してしまったり、親が子供を殺してしまうという悲劇を生むこともあるが、こうしたニュースを聞くと、ほかに方法はなかったのだろうかと思わずにいられない。

暴力を振るう側と振るわれる側が一緒に生活することをやめ、離れることで事態の悪化は防げる、という専門家のアドバイスもある。が、暴力の渦中にある人々にとっては、そうした対処すら難しいのかもしれない。

子供が親に怒りを抱くのは、けっして異常なことではないし、稀なことでもない。むしろ、ごく普通のことだ。完璧な親などいないのだから、彼らの言動や行動に腹が立つことがあっても不思議はない。それを反面教師にして、子供は成長してゆく。

だが、親が子供に苦労を訴えると、子供は親を怒れなくなってしまう。こんなに苦労している、こんなに不幸だ、こんなにつらいと親がこぼせば、子供は慰め役にまわらざるをえない。

実際、こうした状況での親は慰めや労《いたわ》りを必要としているのであって、自分を保護してくれる親の役割を求めているのである。子供は臨機応変に対応するから、望めば保護者の役割も演じてくれる。〝逆転親子〟が誕生し、ここでもまた、〝子供らしい子供時代〟が失われてゆく。

葉子さんのケースのように離婚という大きな原因がなくても、母親が不幸を訴えるということは珍しくない。夫が家庭を顧みない、姑との関係がうまくいかない、経済状況が苦しい、専業主婦の生活に不満を感じるなど、普通の家でも〝不幸〟の種はいっぱいある。それを子供にいえば、子供は大好きなお母さんが悲しんでいると感じて、慰め役を引き受けてしまう。

特に、女性どうしは共感が生まれやすく、母と娘にその関係が成立しやすい。〝共依存〟の密着したつながりが生じてしまうのだ。これが息子であった場合には、立派なマザコンができあがる。

こうして親の慰め役となった子供は、親に対する否定的な気持ちを抑圧するようになってしまう。何かで怒りを感じたとしても、〝かわいそうなお母さん（お父さん）〟に対してそれを向けることなどできない。不満を感じたとしても、お母さんは大変なのだから、これ以上負担をかけてはいけない、と我慢してしまう。親への要望は控え、自分の欲求もおさえ、何もかもを自分のなかで押し殺してしまう。

エネルギーが溜まったときに、それを爆発して出してしまえば消えてなくなる。エネルギー量が小さければ小さいほど、爆発も小さくてすむ。しかし、小爆発することができず、どんどんエネルギーが溜まってゆけば、いつか大爆発することになる。慰め役だった〝いい子〟は、長いあいだ、負のエネルギーを溜めつづけ、一挙に爆発するのである。

真面目な〝いい子〟ほど怒りのエネルギーを発散できない

爆発のメカニズムはおなじであるから、親の慰め役をやるという場合以外でも、同様の現象は起きる。親が子供の主張や感情を押さえつけたり、子供が自らそれをしまいこんでしまえば、やはりエネルギーは蓄積されてゆく。どちらにしても〝いい子〟ほど、その傾向が強くなるのだ。

そして、いい子ほど、爆発したときに周囲は戸惑う。なぜ、そうなったのか、何を怒っているのか、周りの人間には理解できないからだ。

ある二十代前半の青年は、突然、酔って家のなかで暴れはじめた。父親は怒って叫んだ。

「何が気にくわない。俺はおまえに対しては何もしていないじゃないか」

青年は怒鳴る。

「そうだよ、あんたはなんにもしない。話も聞かない、助けてもくれない、家のことには無関心だもんな。てめえ、それでも親かよ、責任は感じねえのかよ」

仕事一筋で、父親は家庭のことはすべて母親まかせだった。それで十分だと思っていたのだ。が、子供にはそれが怒りの種になっていた。進学の問題でも話し合いには入らず、母親と彼の考えが対立していても、父親は一言の意見を述べることもなかった。自分にはなんの関係もないという顔をしていた。父親は自分のことにしか関心がない、と青年はいう。それに対し、父親は子供を自由にさせてあげていた、と主張する。父親は自分が間違っているとは思っていない。

ほとんどのケースに共通することだが、子供が怒りを爆発させても、親は自分が悪いとは思わない。親にしてみれば〝よい〟と思うことばかりをしてきたのであり、自分のやり方に間違いがあるとは思わない。これは当然のことだ。

実際、親が〝悪い〟ということとは違う。善い悪いの問題ではない。しかし、やはり原因は親の側に潜んでいるのだ。

自分の意見を子供に押しつける、というのは家庭のなかでごく当たり前に行なわれている。人は誰でも自分の考え方や生き方が正しいと思っているのだから、それを伝えようとするのは普通のことだ。だが、子供たちが親とおなじ考え方や価値観をもつとはかぎらない。

このとき、親の気持ちに余裕があって子供を別の人間だととらえることができれば、違う考え方をもつことを客観的に眺めることもできる。これは健康な人間関係だ。

が、子供を自分と同一化してしまうと、自分と違う考えをもつことに不安を感じてしまう。あるいは、子供が間違った考えをもつのは、親の愛情として見逃せない、と感じるかもしれない。そうなると健康な関係とはいえず、〝共依存〟の関係になってしまう。親は無意識に子供を支配してしまい、爆発のもととなる葛藤が生まれることになるのだ。

先にあげた葉子さんの場合のように、子供の望む進路に反対するのは、ごく普通の親子関係で生じることだ。ほとんどは子供を心配する親心から生まれるのだろう。苦労をさせたくない、失敗させたくない、危険な目に遭わせたくない、と思うのは子を思う親としては当然のことともいえる。

が、それが子供にとっては人生の妨害となり、怒りのもととなるのだ。親と子供のあいだには、常にこうした隔たりがありつづける。

こうした対立が生じる場合、親は真面目な〝いい人〟であることが多い。この〝真面目〟という要素もまた、葛藤を生み出すもととなる。親が真面目できっちりしていれば、子供は気づまりになって息苦しくなってゆく。子供がいい加減な性格であれば、適当に遊んだりしてガス抜きが行なえるが、いい子であればそれもできずにストレスが溜まってゆく。そして、やがて爆発、という事態になってしまうのである。

真面目に生きているのに、いい人であり、いい子であるのに、危機が訪れるというのは釈然としないと当人は感じるだろう。しかし、見方を変えれば、真面目であるからこそ、いい人であるからこそ、亀裂が入るのである。アダルト・チルドレンの回復には、〝もっといい加減に生きる〟ということが奨励されるのである。

子供の暴力で精神的に追いつめられる親の立場

子供が家庭内暴力を振るった場合、親は抵抗せずに謝るのが最善の方法である、と専門家の多くはいう。怒るには怒るなりの理由と原因がかならずあるのだから、それを受けとめることが奨励される。怒りのエネルギーもいつか出つくすときがきて、暴力は終わる、とも考えられている。

実際、暴れつくし、怒りのエネルギーが消失して、鎮静化してゆく人も多いという。子供にしてみれば、今まで溜めこんできた怒りを表現できて、気がすむのだ。しかし、親にしてみれば、それほど簡単なことではない。

すでに述べたように、親は自分が悪いとはそう簡単には思えない。断固として思えない人もいるだろう。思えなければ謝ることはできない。仮に医師にいわれたからと、悪いと思っていないのに言葉だけで謝ったとしても、それは相手には通じない。気持ちがともなっているかどうかはすぐにわかるから、本心からのものでないとしたら、ますます怒りが増すことになる。

家庭内暴力だけでなく、薬物乱用などもあったある女性の例だ。自殺未遂をして入院したあと、精神科に紹介されて、カウンセリングを受けることになった。面談を重ねるうち、医師は両親との面談を申し入れた。両親の仲がよくなく、家庭内が常に不安定であることを聞いた医師は、家族療法の必要性を感じたからだ。

患者である女性がそのことを両親に伝えると、父親と母親は眉を吊り上げた。

「おまえの教育が悪いからこんな娘になったんだ」

「悪いのはあなたのほうでしょう」

父と母はたがいにののしりあい、もともとこじれていた関係がますます激化した。結局、一度も医師と会わないまま、離婚してしまったのである。子供たちはそれを機に独立し、通院していた女性もかえって精神的安定を取り戻し、回復した。が、別れたあとも、かつての妻と夫はたがいの非を責めつづけているという。

子供の側から見た場合、親の謝罪や、理解ある人に変わることは、あまり期待しないほうがいいようだ。怒りを表現したとしても、それを理解してもらえる確率は高くはない。怒っている本人すら、何に対する怒りなのかはっきりとわからないこともある。長いあいだの感情が混沌とした塊になってしまっていると、本人にも整理できなくなるものだ。感情が激しているときには、それを相手に伝えることは不可能に近い。

親の側から考えた場合、暴力をあまんじて受けつづけるというのはかなり難しい作業だ。肉体的苦痛よりも、精神的にダメージを受けて消耗してゆく。暴力を振るう子供を親が殺す、という事件が過去に何件も起こっているが、親のほうの精神が追いつめられてしまうことも珍しくはない。病気になったり、鬱病やノイローゼになって精神科に入院してしまうことすらある。

そのような危機的状況になる前に、本人をアパートに独立させたり、家族が家を離れて別居する、という方法も専門家は勧める。少なくとも暴力という危機は避けることができるし、離れることによって多少は冷静になれる。

一番いいのは本人と家族が精神科医やセラピストの治療を受けることだが、その場合にも、そうした生活の分離が勧められる。親が真面目な人であれば、子供を見捨てるような気持ちに駆られてできにくいかもしれないが、思いきって距離をおくことが、回復へつながることも多いといわれている。

子供からのメッセージに親はいかに速やかに反応できるか

子供の問題行動は自己表現であり、もうこれまでどおりではいられない、というメッセージでもある。今までの生き方で重なった無理が放出されるのだから、今までの生き方を変えなくては問題は解決されない。子供は変わりたいといっているのだ。

それに対し、親がまったく変わらなければ、状況は変化しない。子供だけが変わってすむ問題ではなく、関係が変わらなければ解決しないのだ。もし、親があくまでも変わることを拒み、自分の方法を貫こうとすれば、子供の表現は無意味になってしまう。そして、回復への道程も遠くなる。

逆に、子供の表現に応じて親が速やかに反応すれば、回復への扉は大きく開く。関係も変わり、状況も環境も変化してゆき、問題がもとから取り除かれるかもしれない。少なくとも、それまでよりはずっとよくなる。親の側のささいな変化で、子供が大きく変わるということもある。

十七歳の長男が高校をやめてしまい、動揺した母親がいた。もともと勉強嫌いで不登校気味ではあったが、二年になると勝手に退学してしまい、繁華街に入り浸って帰ってこない。つきあっている友人たちも皆、中退しており、なかには暴力団員とつきあいのある者もいた。母親のMさんは毎日ニュースや新聞にはらはらし、覚醒剤を打っているのではないかと気になって腕を見る。夫に相談しても「放っておけ」というばかりで話にならない。Mさんは、これ以上道を踏み外す前になんとかしなければ、と思った。

とりあえずできることは、長男と話すことだけだった。夜遅くに帰ってきても、夜食を作りながら話しかける。出かけようとする前には、引き止めてお茶をいれながら三十分でも話をする。そういうとき、長男は拒絶するようすはなく、Mさんの質問に答えて、いろいろなことを喋った。

長男の下には年子の妹がおり、その二つ下に弟がいた。末子の弟は体が弱く、赤ん坊のころから病気がちで手のかかる子供だった。どうしても上の子供、特に長男の世話はなおざりになる。加えて結婚当初から夫の両親と同居していたため、その世話も大変だった。二人ともすでに持病をもち、家事全般もMさんに頼る。朝から晩まで、Mさんは休む暇もなかったのだ。

Mさんは短大卒業後、入社した会社で八歳年上の上司だった夫と知り合い、恋愛関係になり、わずか一年の在職期間で寿退社した。その後は夫の家族と同居し、一年後には長男が生まれ、つづいて長女や次男の誕生となった。十数年の月日が目まぐるしくすぎていった。

長男と会話をするようになると、彼は堰《せき》を切ったように話しつづけた。日常の小さな出来事や子供のころの思い出、遊びや流行の話までを長男は喋る。息子の好みや関心事、感じていること、考えていることなど、Mさんは初めて知ることばかりだった。

自分は子供のことをなんにも知らなかった、とMさんは改めて驚いた。まったくかまわなかったこと、向き合ってこなかったこと、何も受け止めてあげなかったことを、このときになって初めて痛切に感じたのである。子供の逸脱行為の原因は、自分の対応にあったのではないかと、Mさんは反省した。

それとともに今までの生活を振り返り、Mさんはこれでいいのかと思いはじめた。夫はお金の使い道や予算、計画など、物理的なことはすべて自分の一存で決めるが、家庭内の人間関係などについては関心を示さない。すべて妻まかせだった。Mさんもそれほど疑問を感じることなく、黙々と家事をこなし、家族の面倒を見て生きてきた。

二十年近くにもなるその月日を振り返ると、Mさんは〝こんなはずではなかった〟と焦りを感じるようになった。

より遡れば、Mさんは育った家でも親のいうとおりに生きてきたことに思いいたった。反抗期もなく、親に甘えたことはなかったし、弟の面倒もよく見た。だが、思い起こすと自分は何をしてきたのだろうと思う。生きてきた実感があまりない。

これではいけない、人生をなんとかしたい、という思いが湧きあがった。自分を見つめ直し、模索を始めたのである。本当は自分勝手な夫とは離婚したいとも思うが、そこまでの勇気はまだ湧かないという。

長男はその後、遊び歩くことをやめ、自ら仕事を見つけてきた。朝も自分で目覚まし時計をセットして起き、休むことなく職場へ出ていく。人並みの生活はできる、とMさんはほっと胸を撫で下ろした。

Mさんが感じたように、彼は自分に関心を向けてほしかったのだろう。彼自身はっきりと自覚しないまま、親の愛情を求めていたのかもしれない。高校の中退や非行という問題行動は、関心を求めるメッセージだったはずだ。

まだチルドレンのこの時期に自己を表現し、それが満たされれば、彼は健康な大人へと成長してゆくかもしれない。満たされない心を抱えたアダルト・チルドレンにはならずにすむのかもしれない。

逸脱も、早ければ早いほどやり直しがききやすい。そう考えれば問題行動もプラスにとらえることができる。

愛と憎しみが交錯して生み出す心の亀裂

家庭内暴力だけでなく、摂食障害、引きこもり、薬物乱用、アルコール依存など問題行動を起こす人は、それ以前は〝いい子〟〝いい人〟であったケースが多い。子供のころから親のいうことを聞かず、わがままで我の強い子供はあとになって突然変わるということは少ないようだ。わがままなタイプは随時、自己表現や発散をしているので、溜まって大爆発を起こすという事態にはいたらないのだろう。

では、なぜ、いい子はそうできないのだろうか。

〝いい子〟〝いい人〟には、自分の感情を抑圧する作用が働いている。どんなに素晴らしい親でも、子供の側からすれば腹が立つことがあるものだが、〝いい子〟〝いい人〟はそれを抑えこんでしまう。不幸を訴えている親ならばかわいそうだと思って抑えるだろうし、威圧的な親ならば怖くて抑えこんでしまう。気に入られよう、愛されようという気持ちから抑えこむこともあるし、気が弱くていえない、という場合もあるだろう。

アダルト・チルドレンは親に愛着をもつ人が多い。

子供のころからさんざん暴力を振るわれたとしても、冷たくあしらわれたとしても、喧嘩を繰り返してきたとしても、平均以上に親への愛着や執着をもつ。そんな目にあってなぜ、まだ求めるのか、と周りの人はいう。が、恋しがり、求めつづけるのだ。これはアダルト・チルドレンの本質的な問題の一点であると思う。人は満たされないかぎり、求めつづける。満たされたときに初めて、その対象に満足して、手放し、そこから離れることができるのだ。

飢えや渇きを癒すときのように、喉が渇き、空腹であれば、それが満たされるまで人は求めつづける。満足したときにやっと、その欲求から解放され、他のものに意識を向けることができるようになる。

精神の構造も、肉体の構造とおなじにちがいない。満たされないかぎり、それは欲求としてやむことはないのだ。

アダルト・チルドレンは求めつづける。愛されること、認められること、褒められること。それは子供のころからつづいたはずだ。そして、満たされないまま時がすぎ、ますます求める気持ちは強くなってゆく。それを得るために努力をする。〝いい子〟〝いい人〟である努力だ。

しかし、心のなかには不満や怒りが潜む。こんなに一生懸命やっているのに、どうして愛してくれないのか、なぜ、認めてくれないのか。この怒りは蓄積され、大きな塊に育ってゆく。常に心の奥で、蠢《うごめ》きつづける。

こうして、〝いい子〟〝いい人〟の内側には、二つの相反した思いが存在するようになる。親を求める気持ち、そして満たしてくれない親への怒りだ。正反対の二つが共存すれば、どちらをとればいいのか、どちらの方向へ行けばいいのかがわからなくなって混乱する。両方がせめぎあい、心のなかで激しい葛藤を繰り広げることになる。

こうした状況は、恋愛などで普通の人も経験する機会が多いはずだ。成就しない愛であるのだから諦めるしかないのに、諦めきれない、ひどい相手で別れたほうがいいと思うのに別れられない、などだ。頭で考えることと感情が正反対であったり、愛情と憎しみが同居したりする。その苦しさは一度体験するとしみじみとわかる。アダルト・チルドレンの多くは、親とのあいだでこの二律背反が生じるのだ。

こうした対立する二つの要素にとらわれてしまうことを、アメリカの文化人類学者グレゴリー・ベイトソンは〝ダブル・バインド（二重拘束）〟と呼んでいる。

これはある種の精神障害を引き起こすほど、人の心を蝕むと指摘する。家庭内暴力や摂食障害など、病的な反応はたしかにその影響を受けているように思う。

それは、私自身、ダブル・バインドを体験し、自覚し、その葛藤に喘《あえ》いだことから、いうことができる。心に亀裂が入り、壊れてしまうのだ。引き裂かれてしまう、といってもいい。

考えてみれば、二つの反対なものが同時に存在すれば、亀裂が入り、引き裂かれるのは当然のことかもしれない。

〝いい子〟になろうと努力し、〝いい人〟であろうと我慢しつづけるとき、人の心は引き裂かれる。その裂け目から、押さえつけられ、蓄積された感情や負のエネルギーが溢れ出すのだ。あるいは心が壊れ、一時的な問題行動を引き起こすのかもしれない。自分を見失うこともあるだろう。

救いは、それが一時的なものであり、やがて終わる、ということだ。亀裂はいつか塞がるのである。

第7章

アダルト・チャイルドからの回復

喜怒哀楽がなかった私の思春期から青年期

アダルト・チルドレンには、空しさや苦しさを抱えて生きている人が多い。その真っ只中にいる人は、一生そこから抜け出せないのではないかと思うこともあるし、喜びや充足など、自分には無縁だと感じることもある。このままずっとつらい日々がつづくのだと感じてしまう。出口や光が見えないなかで失望感が募る。しかし、出口は必ずある。回復への扉は、どんな人の未来にもちゃんと準備されているのだ。私は自分の経験から、それを確信している。

私もひどいアダルト・チャイルドだった。

二十代の前半には酒と薬への依存が強く、三年間以上、それらに頼らない自然入眠をしたことがなかった。不安感が強まり、いつもより薬と酒を大量に飲み、丸二日半眠りつづけてしまったこともある。常にわけのわからない不安感にさいなまれ、それが高じれば恐怖感になる。

何が怖いのか。すべてだった。人が怖い、未来が怖い、自分のなかの狂気が怖い、自殺願望が怖い、それを実行に移しそうな衝動が怖い、世界が怖い。

なぜ、怖いのか、それはわからない。おそらく自分にそれらに立ち向かう力がなく、押し潰されるという恐れだったのだろう。自分は無力だと感じていたのだ。この時期、私は喜怒哀楽を失っていた。喜びや楽しさを感じることもなく、かといって怒るようなこともない。悲しみ、というものもあったかどうかさだかではない。あるのはただ不安や恐怖、絶望感、孤立感、焦燥感などの胸を苦しくさせるものばかりだった。まるでゾンビのように負の塊になっていた。

では、なぜ、そのような状態になったのか。それを説明するには子供時代に遡らなければならない。ひとつの出来事によってなったのではなく、それは明らかに長い時間の積み重ねの結果であると考えられるからだ。

実際、幼い時期から私はすでに負の思い出をもっている。あれは四歳ごろだったろうか、家のなかで一人で泣いていたことを鮮明に記憶している。

特別な何かがあったわけではない。ただ、母親が不在だったというだけのことだ。それもドラマティックな状況などではなく、買い物に出かけていただけのことである。が、母親の姿が見えないと、私はいいようのない不安と恐怖にとらわれ、激しく泣きだした。外で事故にあっているのではないか、このまま帰ってこないのではないか、交通事故にあって死んでいるのではないか、という空想が頭をよぎり、それが怖くて泣きだしてしまう。ときには泣きながら外に探しにゆくこともあった。

これは母親との分離不安だ。幼い子供は保護者である母親から離されれば死にもつながりかねないから、誰でも分離不安はもつ。母親との一体感を求め、抱かれると安心する。

やがて、子供が成長すれば、自分は母親とは違う人間だという自覚をもち、少しの距離をおこうとする。三歳ごろに訪れる最初の反抗期だ。そうして除々に距離を広げながら、子供は自立への道を進んでゆくのである。

私は最初の自立に失敗していたのだと思う。すでに幼稚園に通うころになっても、私は母親の姿が見えないと不安になって泣いた。原因はそれ以前にあったはずである。

おそらく、乳児のころから、私は放っておかれることが多かったのだろう。泣いても抱いてもらえず、欲求を満たされなかったことがあったにちがいない。それが繰り返されると安心感をもつことができず、子供は心のなかに不安を育てることになる。母親の姿がちょっと見えないだけで、普通以上の不安を感じてしまうのだ。

この分離不安はそのまま私の内側に住みつづけ、二十代になっても心を揺さぶる素となったのである。

母親の不在が引き起こした自家中毒症

私の成育環境が劇的だったわけではない。むしろ、平凡さが苦痛であったほど、ありふれた家庭のひとつだった。父親はサラリーマンで母親は専業主婦、子供は私の上に長男が一人。東京の下町の平均的な家。人と違う要素は何ひとつない。

私が母親に放っておかれたといっても、そんなことはない、と彼女は主張するだろう。虐待に通じるような放置ではなく、家事で忙しいといったような些細な理由だったことは、想像できる。もっとも、それがどの程度のものであったのかはわからない。ただ、私が不安の強い子供だったことだけは確かなことだ。

子供の個性がいったいどこから始まっているのか、それは科学でも解明されていない。生まれたときから、あるいは胎児のころからすでに個性はある、という意見は多い。ゼロの状態で生まれてくるわけではなく、形作られたときに個性も発生しているという考え方だ。おそらくそれが正しいのだろう。子供には育てやすい子供と神経質で育てにくい子供がいると、子育て当時者の母親だけでなく、医師や学者も認めている。

私は非常に神経質な子供だった。些細な刺激ですぐに病気に罹《かか》り、年じゅう、病院に通っていた。医師が「神経質な子だから」といったのを覚えている。

アダルト・チルドレンには、アトピー性皮膚炎や自家中毒を患った経験者が多いという。特に自家中毒を経験した人が多いと、斎藤学医師もいっている。

私も自家中毒患者だった。自家中毒は神経質な子供が罹りやすいという説もある。事実、自家中毒には精神状態が大きく関わっていたのをはっきりと記憶している。

私の自家中毒の主な症状は吐き気だった。母親がいなくて不安を感じるとき、見知らぬ人と会って怖さを感じるとき、強い緊張感が湧きあがり吐き気がこみあげる。胸の奥から渦巻くような不安と恐怖感が上ってくるかと思うと、たちまち気分が悪くなって吐いてしまうのである。小学校一年生の終わりのときに、それは始まった。

私が登校拒否を起こしたわけ

かかりつけの医院では原因がわからず、小児科専門の病院へ行き、そこで自家中毒の診断が下された。食べ物を受けつけないのですでにやせ細っており、カロリー補給のため、定期的にブドウ糖の注射を受けることになった。

ブドウ糖液の入った注射器はとても大きく、針も太い。若い看護婦は針を刺そうとするのだが、細くなった子供の血管にはなかなか入らない。何度も何度も突き刺しては血管を探る。私はそれをただ眺めていた。痛いとも感じなかったし、怖くもなく、なんの反応も湧きあがってこなかったのだ。反応したのは母親のほうだった。

針を何度も刺すようすを見て、母親は「もうやめてください」と声をあげると私を抱き寄せた。おろおろと泣きそうな顔をしている。私はその顔を見て初めて、反応しなければいけない、と感じた。母親の動揺に応えなければいけないと思ったのだ。すぐに私は泣きべそをかき、そうすると本当に涙が出てきて泣くことができた。母親は満足そうに私を慰めた。

このとき、すでに自分でも、自分の反応はおかしいと思ったのだろう。だから鮮明に記憶しているのだと思う。

そのあと、二学年に進級し、一学期が始まったのだが、私は登校しなかった。登校時間になると気分が悪くなり、嘔吐してしまう。学校を休むことが決まり、しばらくするとけろりと治ってしまうのだ。それが毎日つづいた。登校拒否である。

これも母親との分離不安によるものだと、私は考えている。母親から離れることも怖い。そして、学校へ行くのも怖かったのだ。いじめられた経験はないし、怯えるような出来事があったわけでもない。けれど、意味もなく、学校も生徒たちも教師も、私にとっては怖い存在だったのである。

登校拒否がつづくと、母親がしだいに腹を立てはじめる。無理やり手を引いて、連れていこうとする母親に、泣きながら抵抗したこともある。日頃からつきあいのある近所の主婦がその姿を見て、「かわいそうだからやめなさいよ」といったため、母親が折れたこともあった。しかし、そうそう彼女の我慢もつづかない。

もしかしたら、私もある程度気がすんだ時期だったのかもしれない。ある日、母親に手を引かれ、ついに学校へ連れていかれたのである。

校庭に入ると、私の姿を見つけ、クラスの女子生徒が走り寄ってきた。私の登校を本当に喜び、手を引いて教室に誘おうとする。私はこのとき、なんだ、怖くないやと思ったことを覚えている。私は母親の手を放し、級友と教室へと向かった。

この日を境に登校するようになったが、自家中毒の症状がそれで消えたわけではなかった。折りにふれて気持ちが悪くなり、しばしば保健室に連れてゆかれる。

登校を再開しても、心がすぐに健康を取り戻したわけではなかったのである。

ある朝、校舎を出ようとすると、朝礼のために並びはじめた何百人もの生徒たちの姿が目に入った。子供たちが騒ぎながら校庭にひしめいているのである。それを見た瞬間、私は吐き気に襲われ、しゃがみこんだ。水場に連れてゆかれ、背中を擦《さす》られ、結局、朝礼に出ることはできなかった。精神的な部分が影響していると考えるのは、これらの記憶があるからだ。

そうした過程を経ながらも、やがて自家中毒は消えてゆき、普通の学校生活を取り戻すことはできた。が、緊張によって吐き気に襲われるという症状はその後もずっとつづき、それは今でも完全に消えてはいない。現在でも、大きなトラブルに見舞われたり、緊張すると吐き気が生じることがある。

自分の居場所がないという怯えや不安

私は子供のころから、すでにおかしかった。六歳くらいのときの記憶にそれを痛感するものがある。母親の歌う歌によるものだ。

母親は歌が好きで、よく家事をしながらいろいろな歌を歌っていた。民謡教室に通っていたほどだったが、私の記憶にある歌も『五木の子守唄』だ。哀切な節まわしにひかれたせいなのか、私は歌詞の意味を尋ねた。歌の一節には、つぎのような歌詞がある。

おどんが打っ死《ち》んだちゅうて
誰《だい》が泣いて　くりゅうか
裏の松山　蟬が鳴く

私が死んだとしても誰も泣いてくれる人はいない。ただ裏の松山の蟬が鳴くばかりだ。その意味を説明されると私は、胸の奥からいいようのない思いが湧きあがった。哀しさであり、共感であった。まるで自分の気持ちをいいあてられたような気がして、私は強いショックを受けた。

わずか六歳程度の子供にそのような複雑な情緒が存在するとは信じがたいかもしれないし、自分でも不思議に思う。そんなに幼い子供が、いったいどうしてそんな悲しい思いをもっていたのか。これもやはり、母親から安心感を与えられていなかったせいなのだろう。

自分の居場所がない。私は常にその感覚にとらわれつづけていた。子供のころには、そうはっきりと言語化できるわけではないが、いいようのない不安や怯えはそこに起因していたと思える。そしてその〝居場所のなさ〟感覚が、アダルト・チルドレンの大きな要素であるとも考えている。

二十代の、まだアダルト・チャイルドとして激しい葛藤に喘いでいた時期、私はその感覚を言葉で確認する機会があった。ある大型書店の洋書売り場でアルバイトをしていたときのことだ。毎週新しい洋書が入るたびに、タイトルを読んで伝票と照合する作業を行なわなければならない。

いつものように本を手にとりタイトルを読んでいた私は、ある本で息を呑んだ。何気なく読み上げたタイトルはつぎのようなものだったのだ。

『Is There No Place On Earth For Me?（この地球上に私のいる場所はないの？）』

それはアメリカの精神科医であるスーザン・シーハンが、ある分裂症の女性をリポートしたものだった。シーハンは精神科を訪れる多くの患者が、「この地球上に私のいる場所はないのでしょうか」という問いを投げかけると書いている。心を病む人の、これは共通の思いなのだろう。

私はその本を店頭に出すことなく、そのまま買いあげて自分のものにしてしまった。そのタイトルを見つめているだけで、慰められるような気がした。こんな思いをもっているのは自分だけではなかった、とこみあげるものさえあった。

そうした思いはのちにアダルト・チャイルドから回復するまで、ずっとつきまとって離れなかった。逆にいえば、回復したあとはそんな思いにもとらわれなくなっている。そこにいたるまでの過程を述べるには、さらに順を追わなければならない。

幼児期に受けた性暴力の爪痕

幼児期の体験でもうひとつ影響を見逃せないのは、性的トラウマ（心の傷）だ。やはり五、六歳のころだったと思うが、私は性暴力の被害者となったことがある。加害者は米屋の御用聞きの若い男性だった。いつものように玄関の鍵をかけずに母親は外出し、一人で留守番をしていたところに、いつも訪れる米屋の店員が入ってきた。男は他に誰もいないことを確認すると、私のスカートを捲《まく》り上げ、手を入れてきたのである。強姦をされたわけではないが、接触だけでも十分に大いなる暴力だった。しかし、ただ驚くばかりで抵抗することもできない。

幼い子供にはその行為が何を意味するのかはわからないが、いやらしいこと、怖いこと、不潔なことであるのは直感でわかる。子供でも十分に自分が汚されたという感覚も湧く。このことは誰にもいうことができなかった。

性暴力被害は成人でもそうだが、子供でも人にはいいにくい。自分が汚されたことを知られたくない、という気持ちが働くし、自分が悪いせいだとどこかで思ってしまうという面もある。

ここで、人にちゃんと伝え、その人が「あなたは悪くない」と適切な対応をすれば救われるのだが、なかなかそうしたフォローを得られにくい。なかには「あなたに隙があったからだ」「あなたがいやらしいからだ」などと、さらに傷つける対応をされてしまう場合もある。

いえない、ということの理由のもうひとつに、信頼関係が築けていない、という要素もあるだろう。今になって考えてみれば、私も母親との信頼関係がまともに築けていなかったのだと思う。私は何も話さない子供だった。

その性暴力の被害体験は深い傷となって残った。自分が汚れた人間だという思いがどこかに染みついてしまうし、それによって自信や自尊心が損なわれる。さらに人に対する警戒心が増す。また、性的な働きかけに対して非常に敏感になる。私には三歳年上の兄がいたが、彼も子供らしい性的好奇心からか私のスカートを捲ったりした。これは非常に怖い行為だった。もし、私に最初の性的トラウマがなかったら、それほど過敏に反応したかどうかはわからない。父親がキスをするのも怖かった。怖いと感じるということは、おそらく相手に性的な欲動のようなものが無意識的でもあったのだろうと思う。子供は、あるいは女性はそれを敏感に見抜くものだ。

それは、けっして被害妄想ではない。実際に男性に聞いてみると、娘や妹に性的関心を抱くことは珍しくないことがわかる。「いい女になったなと思う」「布団がいい匂いで思わず嗅いでしまう」「脚を見てドキッとすることがある」などの言葉を聞いたことがある。それらは父親や兄にとっては微笑ましいほどの感想なのだろうが、娘や妹にとっては怖い。

若い女性にとっては、たとえ父親であろうと兄であろうと、眩《まぶ》しいような目つきで見られるだけで怖さを感じることもあるのだ。アダルト・チルドレンのなかには、そうした怖さを経験したという人も少なくない。

だが、近親相姦はタブーとされているため、普通はそれを表現したり、実行したりすることはない。近親相姦については、こうした記述を読んだだけでも、そんなことはありえない、と怒りだす人もいるが、それも抑圧の強さゆえだろう。それとは反対に、なかには欲望のままに行為する人々もいる。この問題に関しては、つぎの章に譲ろう。

そうした体験のせいで、私は性と男性に対して強い拒否感と恐怖心を抱くようになった。長じてアダルト・チャイルドになった要因のひとつに、それは数えられるはずだ。

そして、そこに別の問題も付随する。母親への怒りだ。自分を守ってくれなかったことに対する母親への怒りが、そこから生まれるのである。子供のころに性的虐待を経験した場合には、多くが母親への怒りをもつと精神科医もいう。

しかし、それが私のおかしさの原因のすべてであったわけではない。一番大きく影響したものは、母親との葛藤、ダブル・バインドだ。強い分離不安をもつほど母親への依存があったにもかかわらず、成長とともに対立するようになり、反発が起こる。否定したい人間に依存するという二律背反が、最も大きく心を損なわせたのである。

子供を丸ごと愛せない母性の二面性

私の母親は過保護で、過干渉だった。何から何まで指示を出し、自分の思いどおりにしようとする。自分が世の中で一番正しくて、自分以外の人間は間違っていると思っている。だから私のすることはことごとく否定され、彼女の考え方が植えつけられた。気が弱く、自分の意見などいえない子供だった私は、逆らうのが怖くて、母親のいいなりになっていた。

十歳までの私はほとんど着せ替え人形だった。母親の好みの服を着せられ、髪を結ってもらい、おとなしく本ばかり読んでいた。本を読むことと絵を描くことが一番の楽しみだった。しかし、これが母親には気に喰わない。彼女自身は外向的で社交的な性格なので、内向的な文化系の人間を見ているといらいらするらしかった。外へ遊びに行きなさい、と常にいわれる。

さらに母親は人と比べる、ということもよくした。近所の美香ちゃんは活発なのにと、よその子供を引き合いに出してこちらを批判する。人と比べられるというのは大人でもつらいし、屈辱感を味わう。ましてや子供であったら、自分の存在を否定されたも同然の気持ちになる。

私は混乱した。嫌いなら嫌いで、はっきりしてくれればわかりやすい。が、こちらの人格を否定するような言葉をいっておきながら、しばらくあとにはべたべたと甘やかしてくる。プリンやケーキを与えてくれるし、欲しい物を買ってくれる。否定されたあとに優しくされれば、こちらも嬉しくなって甘える。しかし、何かが彼女の意に添わないとまた、否定される。好きなのか嫌いなのか、いったいどちらなのか、幼い心では判断できず、引き裂かれてしまうのだ。

もう少し成長すると、それはわかりはじめた。甘やかすのは本能的愛情によるものだ。子供という対象がかわいくて、ほとんどの母親はその存在に対しては愛情をもつ。

しかし、それは子供という器に対する愛情であり、人格という中身には向けられていない。子供の考え方や性格などのすべてを愛しているわけではないのだ。だから、多くの親は交換条件を出し、いい子なら好き、私好みなら好き、という条件つきの愛になってしまうのである。残念ながら、母性愛といえども、それほど大きな愛ではないのだ。

そうか、私の人間性は嫌われているのか。そう思うと地団太を踏みたいような気持ちに駆られた。私の作文や詩が褒められても、絵が褒められても母親は関心を示さない。彼女の好みではないからだ。

私は、私のすべてを認めて愛してほしかったのに、自分のなかの大切な部分は嫌われていたのである。母親に対する怒りが湧いた。

この時期、父親に対しても怒りを感じたことがある。私の作文が褒められ、文集に載ったときだった。「どうせ先生が書き直したんだろう」と、それを読みながら父親はいったのである。今から考えれば、それは父親の嫉妬であったのだろうが、そのときはひどく傷ついた。許せない怒りも覚えた。それも十歳のときだ。

いくつものことが少しずつ重なってゆき、私は親への反発を増幅させていった。といっても、ひとつひとつは大きなものではない。親の側も特に大きなことをしたわけではなかった。叩かれたことは一度もないし、理不尽に怒られたこともない。それでも、彼らの言葉や態度に、いちいち傷ついたり腹が立ったりするのである。

もちろん、マイナスの出来事ばかりではなく、いいことも多くあった。本も漫画もおもちゃもふんだんに買ってもらっていたし、日曜日には遊びに連れていってもらっていたし、旅行にもよく行った。わがままは多くの面で満たされていた。むしろ、甘やかされて育つと人間駄目になる、という見本のようだと現在の自分を省みて思う。

しかし、それでもマイナスはマイナスとしてしこりは刻まれ、消えることはない。

いじられすぎて枯れた心と自殺願望

植物を育てると経験することだが、生き物はいじりすぎると駄目になる。水をやりすぎると根が腐ってしまうし、肥料を与えすぎても同様だ。いきなり日に当てたり外に出したりと、環境を変えすぎても枯れてしまう。

人間も生き物であるから、メカニズムはおなじなのだろう。〝いじり壊し〟によって、あっけなく生気を失ったり、伸び伸びと枝葉を伸ばすことができなくなってしまうのだ。

私は歪みながら育ち、時とともにその歪みを大きくしていったのだと思う。私のなかには、怒りや不満がいっぱい溜まっていた。しかし、それを表現することはできない。人と話をするということが苦手だったが、感情を表わすということはもっと苦手だった。まったくできなかったといっても過言ではない。が、自分ではそれが普通だと思っていたし、感情が乏しいという自覚すらなかった。それがわかったのは二十代になって、ある爆発が起きてからだ。それについては、あとで記述することにしたい。

内向的な性格は、すべてを内側に向ける。十四歳のとき、私は自殺願望をもった。なんのために生きているのかがわからない。世の中の仕組みが見えはじめ、矛盾や不純、不正や汚濁に対して、怒りと絶望を感じる。こんな自分なら、こんな世の中なら生きていてもしかたがない、と思ったのである。

おそらく、溜めこんでいた怒りや攻撃性を、社会と自分に向けたのだろう。これが外向的な性格なら、非行として外に向けられるのかもしれない。しかし、そんな表現力はなく、攻撃は自分に向かう。親しい友人といつも自殺のしかたについて話し合っていた。

もっとも、これは特殊なことではなく、人々に話を聞いてみると、思春期に自殺を考えたという人は多い。反抗期における通過儀礼のようなものかもしれない。そして、ほとんどの人は考えるだけで実行に移すことはない。ご多分に漏れず、私もそうだった。死を美化してとらえ、ロマンティックな幻想を抱いていただけだろう。

一度、遺書を書いて踏切まで行ったことがあるが、鉄のレールを見たら、たちまち怖くなって気持ちは萎《な》えた。自殺もできない情けない自分、と愕然としたが、それ以降、あまり軽々しく死への衝動を口にできなくなった。が、私の自殺願望はその後、十年以上つづくことになる。

この時期、文学にも目覚め、これが大きな救いとなった。太宰治《だざいおさむ》、芥川龍之《あくたがわりゅうの》介《すけ》、中原中也、ヴェルレーヌ、ヘルマン・ヘッセなどに熱中し、私はそこに自分の居場所を見いだした。これこそが自分の道だ、と思い、文学者になることを心に誓う。これはのちに、自分にはそんな才能はない、と思い知らされるまで大きな心の支えとなった。進むべき道の方向を決めると、とりあえずは前に進む気になる。

文学が与えてくれた恩恵はほかにもいくつかある。それは、自分とおなじような感覚や考えをもつ人がほかにもいるという安心感だ。そして、すでに大人となっている彼らの経験としての知識や情報だ。

私の好きになった文学者は、なぜか自殺や夭逝《ようせい》をしている人が多く、自分も将来はそうなるのだろうという覚悟も決めた。二十五歳で私は自殺する、と意味もなく確信したのも、彼らの影響を受けたからだったのだろう。しかし、その確信はゆるぎないものだった。

親子間にも相性の善し悪しはあるという気づき

読書が与えてくれた恩恵は限りなく大きい。いろいろな考え方を提示してくれ、自分のこりかたまった物の見方に幅が加わってゆく。

親に対する考え方も読書によって変わった。おたがいさまだと気がついたのだ。

こちらから見れば価値観の違う、話にならない人間だが、それは彼らにしてもおなじはずだ。こんなに神経質ではなく、明るく元気な子供であれば、彼らも嬉しかったろう。不満をもっているのはおたがいさまなのだ、とある日、思ったのである。そう考えると、冷静に突き放してみることができる。

今になれば、性格は親と環境によって作られたもの、性格が歪んだのも親の責任が大きい、と考えることもできる。が、それでも、もって生まれた要素が性格には深く関与していると思う。おなじ親をもち、おなじ環境で育った私の兄は、まったく性格が違う。本などまったく読まないし、母親好みのスポーツ好きの人間だ。先天的な個性のベースというものはやはりあるとしか思えない。

となると、親子のあいだにも、相性の善し悪しというものは存在するだろう。よほど心の大きな親でなければ、子供に好き嫌いをもつのはしかたがない。私はこんな親をもちたくなかったと思ったが、親もこんな子はもちたくなかったと思っていたことだろう。

そう考えると、親に対するネガティブな感情は少し冷まされた。だが、あくまでも少しだけである。やはり、日々不満は湧きあがる。

私と母親は考え方が正反対だった。私は個性こそが大切だと考えていたが、母親は人と違うことを恐れる。何かというと世間体という言葉を口にし、人の目を気にする。この世で一番大事なものは安定だと信じており、文学や芸術などは不潔なものを見るような目で眺める。考え方や価値観のことごとくが、私と母親は正反対だった。

そして、何よりも怒りのもととなったのは、彼女が自分の考えを押しつけてくることだった。自分と違う考え方は許さない人間だった。そして、子供のころの私は、それには立ち向かうことができなかった。

立ち向かうことができなかったのは私だけでなく、父親も同様だった。父親は気が弱く、おとなしい性格で、いいたいことをいうこともできない。母親のいいなりだった。男女関係というよりはまるで母子関係のような、依存者と保護者の関係だ。

仲が悪かったわけではない。しかし、新聞社に勤めていた父親は、時間は不規則だし、帰ってこない日もある。日本の家庭に多い〝父親不在〟だ。母親が文句をいっていた記憶はないが、きっと不満を溜めこんでいたのだろう。母親が子供に支配的であったのは、鬱積した不満も影響していたかもしれない。しかし、父親にも言い分はある。言葉に出せなくても、いいたいことがないわけではない。酒を飲めばいえるようになるのだ。が、それがまた母親には気に喰わない。酒を飲めない体質の母親は酔っ払いが嫌いだった。酒好きの父親は、いつも酒量をコントロールされていた。それに関してはいいことだったろう。もし、コントロールされなかったら、父親はアルコール依存症になっていたかもしれない。そうした心の脆さを、私はいつも父親に感じていた。

ちなみに、私は体質も気質も、はっきりと父親似である。

妄想ともいえる未熟な自己愛

私の家のなかは〝共依存〟で満ちていた。母親と父親は共依存関係、母親と私も同様だった。巨大な母鳥が巣にデンと座り、その羽の下で家族が蠢《うごめ》いて暮らしているようなものだ。重くて苦しくてもがくのだが、巣から離れては生きられない。心の葛藤ばかりが大きくなってゆく。

さらに、巣のなかで蠢く人間関係にも葛藤はある。私の歪みの原因として、もうひとつ、兄との関係があったと考えられる。私はよく兄にいじめられた。三歳年上の兄は年じゅう、私に「ブス」といった。顔が丸くて潰れているからといって、私のことを「平面ガエル」と呼んでいた。性格が悪いだの、嫌な奴だのとさんざんにののしる。気の小さかった私は怒りを溜めこんだが、ときに爆発して取っ組み合いの喧嘩になることもあった。幼いころには、いい関係であったことなど一時もない。

今になって思えば、兄は私に嫉妬していたのだろう。年下で病弱とくれば、親はどうしても妹をかばう。私が暴力を振るって兄を泣かせても、やはり怒られるのは兄のほうだった。私はざまをみろと舌を出したものだ。性格が悪いという指摘は認めざるをえない。だが、やはり腹の立つことが多かったし、家族というものに対する拒否感を増幅させる要因だった。

家族という形のなかで、私は孤立していた。家庭は形だけ整っていればいいものではない。メンバーさえ揃っていればいいものではない。私は四人家族のなかで常に孤独を感じていた。ありのままの自分を受け入れてもらえなければ、そこは自分のいる場所にはならないのだ。

私は自分で自分を支えた。自分はこんな人々とは違う、自分は天才なのだ、と信じたのである。病んだ自己愛だ。健康な自己愛であれば、自分の欠点を受け入れ、並の人間であることになんの抵抗ももたない。そのままの存在で愛されていれば、別の人間になる必要はないのだ。

だが、自分を否定されたとき、自己愛も歪む。傷を受けて歪み、それを補修するために、さらに歪む。本来の自分とは違うものをもってきて、それを傷口に貼ることになるからだ。

ありのままの自分でいけないなら、何かオプションをつけなければならない。勉強やスポーツでいい成績をあげたり、特技を磨いたりする人もいる。いつか見返してやろうと上昇志向に駆られる人もいる。本当の自分はこんなに平凡ではない、誰もわからないだけだ、と人の評価を否定する人もいる。

誰も自分をわかってくれない、だから認めてくれないのだ、という考え方は自分にとっては甘くて都合がいい。自分の支えにもなる。が、未熟な支えだ。

私は妄想ともいえる未熟な自己愛を育てていた。自分は二十歳で世に認められ、二十五歳で神経を病んで自殺するのだと、ほぼ確信のように信じこんでいた。神経を病んでいる自覚はあったし、悪化するという予感もあった。それは当たっていた。しかし、天才というほうはもちろんただの妄想だ。が、のちに天才どころではなく無能だ、という現実を認識するまでのあいだ、それは支えになっていたのである。悲惨なのは、その幻想を失ったあとだった。

自分の未来に希望をもてない、感情を殺した理屈屋

高校時代、私は〝歩く合理主義〟〝詭弁家《きべんか》〟と呼ばれていた。なんでも理屈で割りきり、理路整然と物事を分析し、取捨選択をしてゆく。迷ったり、悩んだりしないし、うろたえることもない。

いいときには〝理性的〟といわれるが、悪いときには〝血も涙もない〟と非難される。思考と理論がすべてだと思っていたから、そういわれてもなんとも思わない。感情がないから、理屈だけで物事が処理できてしまうのである。当時はそれで十分だと感じていた。

私の感情は胸の奥底で燻《くすぶ》っていた。人に対しては冷静でいても、情緒は不安定だった。相変わらず自殺願望は折りにふれて浮上するし、未来に対しての希望ももてない。生きることがひたすら空しく感じられ、答えを求めて文学や哲学、宗教などの本を読み漁っていた。心の平安を求めて、青春のただなかというのに、写経に明け暮れた時期もあった。それぞれのものがヒントや救いをもたらしてくれたが、もっとも大きな救いはサリンジャーだった。

サリンジャーの代表作『ライ麦畑でつかまえて』は、青年期の孤独な心をあますことなく描き出す。主人公のホールデン・コールフィールドは、明らかにアダルト・チャイルド予備軍だ。小説では大人になる前で終わるが、おそらく主人公の苦難はまだつづくだろう。

サリンジャーの他の小説には大人も多く出てくるが、彼らはほとんどが精神的には大人になりきれずに苦悩する。アダルト・チルドレンの心情を代弁するような言葉が全編にわたって散らばってゆくのだ。共感はそれだけでも癒しの効果をもつことをサリンジャーは教えてくれた。

しかし、多少の癒しを得ても、私の歪みは治らない。状況は何ひとつ変わらず、むしろ新たな問題が増えてゆく。

私は文化系の進学クラスにいた。親は、会計士か薬剤師の資格を取れといったが、そんな気は毛頭ない。高校進学のとき、美大の付属に進みたいといったら、一言で蹴られたこともあった。自分がしたいと思うことを、親から応援してもらったことは一度もないのだ。何かを相談しても、反対されるだけだった。

そうした経験から、もう相談などはせずに、事後承諾が有効だということに気づきはじめていた。もうひとつ有効なのは無視するという方法だった。

親の意向を無視して文化系クラスに進んでいたが、まったく勉強をしていなかった。小学生のころから学校が嫌いだったし、受験勉強の不毛さにもうんざりしていた。しかし、働く気もない。あきれるほど質《たち》の悪い人間だが、二十五歳で死ぬつもりなのだから、大学も将来もどうでもいいのである。すべてに対して投げやりだった。

幸いなことに、家では勉強をしろといわれたことはなかった。うるさくいわれていたら、おそらく私は家庭内暴力に走っていただろう。いわれなくても、すでに反抗心はいっぱいで、授業はよくサボっていたし、煙草も吸ったし、飲酒もした。といっても不良グループとのつきあいはなく、仲間は斜《しゃ》に構えた文学少女ばかりだった。誰もが自分の未来を信じていなかった。

親から逃れるためだけの家出の決行

当然、大学受験には失敗した。そして当然のように浪人生活に入った。

しかし、ここでも私は勉強しなかった。努力や根気というものが身についていなかったせいもあるが、相変わらず空しさばかりが募る。予備校の駅を通りすぎて、そのまま海を見にいくような生活をしていた。テキストなど広げずに、相変わらず本ばかりを読んでいた。当然、また受験には失敗した。

そのときになって初めて、私は現実を直視する必要に迫られた。まずい、とやっと自覚したのである。二浪しようとしたが、親は許してくれない。それなら自分でお金をためて受験しよう、と考えた。親から離れたいという気持ちも強かった。

新聞広告で見つけた会社に就職し、私は適当に働きはじめた。最初のうちは受験勉強をしていたが、すぐに無駄だということに気がついた。時間がなさすぎる。ここで考え方を変えた。

もともと大学はどうでもよく、一番したいのは親から離れることだった。もう自分の生き方に口を出してほしくなかったのだ。だが、口出しを拒否するならば、経済的な独立が欠かせない。私は家を出る決心をし、それと同時に小説を書きはじめた。それが認められれば、問題は一挙に解決する。期待をこめて、その小説を新人賞に応募した。

十一カ月で会社を辞め、私はある日、置き手紙を残して、家を飛び出した。アパートはすでに契約をすませて、必要なものも運びこんでいた。言葉で表現することができなかった私は、そうした行動でしか自分の気持ちを表わすことができなかったのである。未熟な行為ではあるが、それがそのときにできる精いっぱいの自己表現だった。

当日の夜、家に電話をしてみると、家族はうろたえていた。父親は泣いている、といわれて罪悪感がよぎる。しかし、小説が新人賞をとれば、すべてうまくいくはずだった。

実際には、それほど世の中は甘くない。一カ月後、何の評価も得られず、私の作品は黙殺されたことを知った。ショックだった。

今まで自分を支えていた幻想が、音をたてて崩れてゆく。天才などではない。人と違うところなどない。

それは、唯一の居場所の喪失でもあった。どこにも行き場はないのだ。天才どころか、自立の能力すらない無能な人間なのである。狭い部屋に立ちすくんで私は途方に暮れた。

私のアパートは四畳半ひと間でトイレは共同だった。小説や漫画で読むような、清貧に憧れていたのだ。わざわざ木造の古いアパートを選んだほどだった。

今、考えてみると、本当に未熟な人間性だった。自分に対しても世の中に対しても、現実に対しても甘い。なんでも自分の思いどおりになると信じていたのである。金銭的な苦労をしたことがなく、家事を手伝ったこともない。現実や生活から遊離して暮らしていたことを、そのときになって自覚した。

私は眠れなくなった。

神経症を抱えこんだ最悪の日々

不眠は中学生のころからあり、自律神経の乱れもずっとつづいていた。耳鳴り、部屋が回るようなめまい、偏頭痛、神経の痙攣《けいれん》、視覚や聴覚の異常、動悸など、さまざまな症状を常にもちつづけ、いつもどこかがおかしかった。しかし、今度はその程度のものではなかった。

夕方、日が落ちはじめると不安が湧きあがり、それはやがて全身を巡り、いても立ってもいられなくなる。激しい心臓の動悸とともに、恐怖感、焦燥感などが体を震わせる。たった一人で宇宙に投げ出されたような孤独感のなかに堕《お》ちる。自殺衝動が騒ぎだし、それを恐れる恐怖もともに騒ぐ。死ななければいけない、さあ、死ぬんだ、という声が胸の奥から噴き出し、その衝動が怖くて体が震える。

ついに神経が壊れた、と私は息を呑んだ。明らかな神経症状態だ。

不安が湧きあがると、私は書店に行き、心理学や精神病理学の本を買い漁った。

そのころにはまだ、アダルト・チルドレンなどという言葉はなく、自分の居所がつかめない。神経症、もしくはそれに精神病の要素が加わった〝境界例〟だと、自分で判断を下す。どうすればいいのか。病院に行くしかないのである。

近所に精神病院があり、いざとなったらそこへ行こうと考えつづけていた。そして、不安と恐怖と自己破壊衝動に押しつぶされそうになり、すぐに〝いざ〟はきた。動悸を抱えながら精神病院へと向かったが、玄関で看護婦と目が合った瞬間、私は踵《きびす》を返してしまったのである。怖かった。その足で薬局へ行き、精神安定剤を買った。

薬と酒を飲み、なんとか煩悶《はんもん》を抑えようとする。いっとき、眠られることはあっても、起きれば元の木阿弥《もくあみ》である。手当たりしだいに薬を服んでいるうちに、ある風邪薬に強い催眠効果があるのを発見し、それを乱用した。つづけると効かなくなるので、いろいろな薬も使う。

このころ、遊びにきた友人が、「顔が鬼のようだ」といって怯《ひる》んだことがある。鬼気迫る表情をしていたのだろうと、容易に想像がつく。神経はずたずただった。

その最中、突然、母親がアパートにやってきた。友人の一人から住所を聞き出し、尋ね当てたのだ。別に怒るでもなく、責めるでもなく、居所をつきとめた安堵感だけを見せていた。

しかし、事態は変わらなかった。救いになったのは、ある友人の一言だった。

「家に帰ればいいじゃない」

そういわれて、私は体内の厚い氷の壁が剝がれ落ちていくような感覚になった。

ああ、そういう方法があったのか、と私はその意見に飛びついたのである。

反乱と独立のはずの家出は、わずか数カ月で終わりを迎えた。恥ずかしさと悔しさ、情けなさや屈辱感などを嚙みしめながら、私はすごすごと白旗を立てて家に戻ったのである。いたたまれない思いはあったが、とりあえず救われた、という安心感もあった。

しかし、一度病んだ神経は、家に戻った程度で治りはしなかった。その後も格闘はつづき、七転八倒を繰り返した。それが回復への道だとは、当時は気がついていなかった。

薬と酒に頼る生活からの脱却

自室のキャビネットには、いつもウイスキーをしまっておいた。机の引き出しには薬がいっぱい入っている。それらが減ると不安を感じ、すぐに補給しないではいられない。薬と酒に頼っていた、精神的に依存していたのである。夜はそれらを流しこまなければ眠られなかった。

家に戻ってから、家族の対応は腫れ物に触るような遠慮がちなものになった。よくいえば、前ほど口出しをせず、距離をおくようになっていた。これは家出のかいがある変化だった。やっただけのことはあった、と自己満足とほんの少しの達成感を感じた。

間もなく友人の紹介でアニメーションの仕事をすることになり、私は、とあるスタジオに通いはじめた。昔からアニメ好きであったから、これはいい話であったのだが、嬉しさは感じなかった。まだまだ精神状態は病的なままであり、感情は麻痺したままだった。私は薬を服みながら通勤と仕事をこなしていたのだ。

薬に対する依存度は高く、不安が高まると規定量を超えて服用することも多かった。安定剤と催眠剤を同時に服んで起きられなかったこともある。また、そうした乱用のせいか、瞳孔が開いてしまったこともある。健康な人の瞳孔は光で収縮するが、なぜか開いたままで収縮しない。人からも目が変だと指摘されるほどだった。翌日には治ったが、さすがに危機感があった。

自殺衝動が残っているため、プラットホームに立つのが怖い。飛びこめという衝動と、それにともなう恐怖感、抗《あらが》う気持ちが錯綜してパニックを起こしそうになる。ホームの端に立つと飛びこみそうな自分が怖く、いつもホームの奥に立っていなければならなかった。

これは強迫的なもので、本当に飛びこんだりしないのはわかっている。死にたい気持ちよりも怖い気持ちのほうが強いのだから、実行できるはずなどないのだ。自分の臆病さを自覚するとともに、人間の自己保存本能の強さを実感した。人は簡単には死ねない。体はこんなにも生きたがっているのだ、としみじみと掌を見つめた。だからといって、自殺願望が完全に消えたわけではなかった。

幸いなことに、アニメーションの仕事に携わる人々は、皆ユニークな人間ばかりだった。話は合うし、これまでずっと感じつづけてきたような疎外感を感じない。居心地がよかった。

そこは自分がいて安心できる初めての場所だった。普通とは違う意見をいっても、誰も驚きはしない。自分以上におかしな人も稀ではない。突飛な考えや感覚も共感できることが多かった。

自分の考えを安心していえる場所を得ると、自分への自信も回復する。基本的な人間のタイプの違いを感じ、違和感を覚えることはあっても、今まで経験してきた世界よりもはるかに馴染みやすかった。おそらく、知らず知らずのうちに、心の緊張が解けていったのだろう。人前でくつろぐ、ということもできるようになっていた。

人間関係が築かれるにしたがって、また、任される仕事の質が上がってゆくにしたがって、薬の使用量は減っていった。不安や衝動の現われる回数も徐々に減少していった。

といっても、突然ひどくなったり、ぶり返したりで、半年以上は塗炭《とたん》の苦しみを抱えたままだった。回復の兆しが見えるころには、一年以上が経過していた。

さらに一年以上がすぎ、その会社を辞めるころには、薬の常用から解放されていた。

死ねないなら生きるしかない、という転回点

心の安定を失って以来、ずっと心理学や精神病理学の本は読みつづけていたが、失業生活に入ってますます充実した。図書館にこもり、延々と本を読みつづけていた。

フロイトから始まってユング、アドラー、レイン、ホーナイ、フロム、エリクソン、エトセトラ。どの本も人間の精神構造を知ること、要するに自分の問題を認識することには役に立った。心の問題やメカニズムを冷静に認識するだけでも、ときには苦痛が和らぐことがある。

そうして出会った多くの本のなかでも、特に〝森田療法〟には具体的な救いがあった。病気を治そうとするのではなく、自分の一部として受け入れることを提唱する森田療法は、目から鱗を落とすような発想の転換をもたらす。知識として

の価値だけでなく、具体的な対処法ともなり、神経症の苦痛を軽減してくれる。〝ありのままを受け入れる〟という森田療法の基本理念は、心の回復に大きな力を与えてくれるものだ。

そのほかにも自律訓練法や瞑想、呼吸法やヨーガなど、神経によさそうなものはつぎつぎとやった。

心に振りまわされるのではなく、自分をコントロールすることができるということを、信じたかった。そして、神経を鎮《しず》め、緊張を解く方法を少しずつ身につけていった。

失業していれば、お金がなくなる。そうなるとアルバイトをしたり、仕事をしたりした。海外旅行へも出かけ、それは喜びと楽しさを経験させてくれた。少しずつ、内側の力が甦《よみがえ》り、回復へと向かっていたのだろう。

が、まだまだ自殺願望は消えないし、絶望感や空虚感は波のように押し寄せる。死ぬはずの二十五歳をすぎていた。もう一度だけ、自殺を真剣に考えた。が、やはり死ねない。怖い。体全体が怖がるのだ。そして、考え方が変わっていった。

どうしても死ねない。それなら生きるしかない。そう思ったときに、何かが大きくふっきれた。じゃあ生きようじゃないか、と思ったのである。おそらく、失われていた力が戻り、心身の活力が回復したのだろう。心でも体でも、どんなに焦っても回復しないときはしないが、あるとき突然、回復を感じることもある。治癒には時間が大きな役割を果たす。

人生や将来について真面目に考えはじめ、仕事をすること、稼ぐことも現実のこととして受け入れた。

それは今まで放棄してきたものであり、初めての取り組みだった。さて、どうしようか。この先ずっと仕事をしてゆくならば、やはり好きなことをしたい。マスコミがいい。それには今のままでは無理だろう。よし、専門学校へ行こう。単純な回路ではあるが、こうして私は翌春、専門学校のマスコミ学科に入学手続きをした。二十代半ばで十代の人々に混じるのは抵抗があったし、かなり怖気《おじけ》も感じた。周りははるかに若い人ばかり。いたたまれない思いもある。が、そんなことはいっていられない。人生を仕切り直さなければならないのだ。

幸い、選択した科は二部であったため、昼間はアルバイトをしながら、苦学生を始めた。せっかく癒着を断ちきった親には、一銭たりとも頼りたくない。すべて自分の力でやりとげてみせる。

しょせん実家で暮らしているのだから、本当は偉そうなことはいえない。だが、これは生まれて初めての生への意欲だった。

ところが、さらに落とし穴があった。とんでもない恋愛に嵌まってしまったのである。

報われない恋愛で始まった過食症

知人の紹介で知り合ったその男性は既婚者だった。初めは、恋愛感情など微塵もなかったのだが、いつしかたがいに惹かれ合い、後戻りができなくなっていた。学校をサボり、デートを重ねた。私にとって初めての恋愛だった。これまでの過程では、恋愛などしている余裕はまったくなかったのだ。

さまざまな感情が一気に湧き起こった。嫉妬、喜び、幸福感、絶望感、孤独感、怒りなどが体の内側で混在し、せめぎあう。特に相手が既婚者であったからその葛藤はなおさらだった。嫉妬と怒りが渦巻き、満たされない渇望感が突き上げる。

経験していない人は「初めからわかっていたのに、なぜ怒るの？」と問うが、これは本人もやってみるまでわからないのだ。なにしろわかっていたのは頭であって、怒りや嫉妬を感じるのは心なのである。頭よりも心のほうがはるかにパワーが強い。理性や分別など、跡形もなく呑みこまれてしまうのだ。人間は感情の動物なのだと、このときに初めて思い知らされた。

自分のなかにこんな感情があったのかと、日々、新鮮に愕然とするばかりだった。理性ですべてをコントロールし、冷静であることが自慢だったのに、瞬く間に感情の塊になってしまったのである。だが、悪いことに、感情の表現のしかたを知らない。怒りを言葉で伝えることはできないし、甘えることもできない。自分の気持ちを伝えるという技術が、いっさい身についていなかった。感情はどんどんと内側に溜まってゆく。

ある日突然、それは始まった。家に一人でおり、空腹を感じた私は、目の前にあったお菓子の箱を開けた。あっというまにそれを食べつくすと、つぎの袋を開ける。幸い、買い物好きの母親のおかげで、家には山のように食べるものがあった。私はつぎつぎとそれらを食べつくしてゆき、やがて吐き気がこみあげて、嘔吐した。気持ちがよかった。

それが怒りによるものだと、すぐに自覚した。そのほかの感情も含まれていただろうが、一番はっきりと自覚できたのは怒りだった。それがこみあげると食欲となり、たちまち餓鬼のように貪りの欲求が起きる。

最初の過食以来、それは突然私を襲うようになっていた。まるで噴き出そうとする感情に蓋をするかのように、満たされない心を埋めるかのように、体の奥底から食べ物を求めるのだ。

しかし、太りたくはない。日陰の身でただでさえ惨めな思いをしているのに、ここで容姿まで醜くなったら救いがなさすぎる。山のように食べつくしたあとは、必ず吐き、残留物を恐れて下剤も服んだ。指を口に入れて吐くことを繰り返していると、だんだん感覚が鈍くなる。そのうちに舌の奥のほうに突起物があることを発見し、それを刺激すればすぐに吐けることもわかった。吐くことのプロになったような気分だった。

食べることはとても気持ちがいい。どうせ吐いてしまうのだから高カロリーのものでも遠慮はいらない。お菓子を何袋も空け、スパゲティーやインスタントラーメンを食べ、ポテトチップスやパン、そして御飯を食べる。食パン一斤は軽いもので、さらにいくつものデニッシュを食べることができる。喉まで詰まったような満腹感を得ると、さあ、吐こうと思ってトイレに行く。

その作業をひととおり終えると、イラだっていた神経が少し落ち着きを取り戻し、すっきりするのだった。

渇望感は限りない欲求を生む

食べることはもちろん、吐くことも私にとっては気持ちのいいことだった。過食症の人には吐かない人もいるし、嘔吐を不快だと感じる人もいる。嘔吐を快感だと感じる人について、精神科医の斎藤学医師は、つぎのようにいっている。

「(嘔吐を) 快楽というのは攻撃性の高い子、社会との関わりでも怒りっぽい子というか、自分の攻撃性みたいなものを認知できて、しかもそれを行動表現として出そうとしている子。ただ、言語的に怒りを伝えることは出来ない子です。怒りが言葉で表現できれば食べるとか吐くとかという行為の必要はない。もっと言語的に相手が納得できるようなかたちで表現できるわけです。怒りを食べ物の問題だけで表現しようとするときに嘔吐が攻撃性に結びつくわけです。」(『あかるく拒食ゲンキに過食』伊藤比呂美・斎藤学著／平凡社刊)

私は怒りっぽいし、攻撃性がとても強い。しかも、それを言葉で表現することができない。そのもののタイプだ。

過食をする人はパンを好んで食べることもよく指摘される。私にとっても、白いふわふわした食パンは、とても気持ちのいい食べ物だった。過食症の人が求めるのは母乳であり、その無意識の欲求が白くふわふわしたもの、甘い物を求めるともいわれる。これは当事者としてうなずける説だ。

私は今でも精神的に疲れるとパンが無性に欲しくなるし、おなじような経験を語る人は多い。かつて満足の得られなかった母乳、それを求める赤ん坊の自分が、心のなかで渇望するのだろう。

過食をしていると、罪悪感にかられる人も多い。貪り食べる姿はそれだけでも恐ろしいものであるし、醜く情けない姿として自己嫌悪をもつ。吐く人は食べ物を無駄にする罪悪感を感じるという。

しかし、私は過食に対してネガティブな気持ちをもったことはない。それどころか、薬や酒に対しても罪悪感を感じたことはない。それらは私にとって必要なもの、と割りきっていたからだ。

足を怪我すれば松葉杖を使う。場合によっては車椅子に頼る。病気になれば薬を服むし、安静を保つこともある。心だって傷を負えばそれを補う何かが必要だ。それが酒でも薬でもいいじゃないか、今はとりあえずそれが要るんだから。そう考えていた。

人間は必要でないことはしないし、したくないことはしない。何かをするというのは、そこに何かの必然があるのだ。そう思っていた。だから過食に走ったときにも、気のすむまでやりなさい、と自分に声をかけていた。

たしかイギリスの精神医学者のR・D・レインが記していたことだと記憶しているが、つぎのような事例もひどく印象に残っていたのである。

とある分裂病の女性が入院したのだが、彼女はタオルを集めるのが好きで、人のタオルまで自分のベッドにもってきてしまう。それが何度も繰り返され、他の病室などにも出かけてタオルをもってくる。いくら止めても聞かない。

ある日、どこまで集めるか一度黙認しようということになった。彼女は病院じゅうを歩きまわり、山ほどのタオルを集めて文字どおり山にした。すると、それを機にタオル集めをぴったりとやめてしまったのである。

おそらく彼女は気がすんだのではないかと思う。タオルは何かの象徴で、彼女は満たされずに激しい渇望をもっていたのではないか。それを求め、集めても、中途半端では満たされない。とことん、自分の気がすむまで手にして、やっと満たされたのだ。

私はそう解釈して、胸を揺さぶられた。それを読んだのはずっと以前のことだったが、私のなかに、彼女に共感する渇望感があったのだろう。

それ以来、彼女のエピソードは心に刻みこまれたままになっていた。そして、それは救いでもあった。

取り戻した自分の感情と居場所

過食がやんだのは、不倫相手との別れを決意してからだった。こんなことをつづけていたら壊れてしまう、心だけでなく体も壊れてしまう。恋愛が始まって以来、酒への依存が高まっていたので、体の調子はとっくに悪くなっていた。精神的にももう限界だ。やめよう。そう思ったのである。

私は別れを切り出した。我慢できないという感情を言葉で伝えた。修羅場にもなった。が、過食の衝動はいつの間にか消えていた。

専門学校は、ゼミすらまともに出ていなかったから卒業することはできなかった。が、卒業したことにして、私はある出版社に就職した。それとともに恋愛の相手と訣別したかったのだ。実際はそんなにすっぱりと断ち切ることはできず、追われるとつい戻ってしまう、ということを繰り返した。そして、徐々に終焉を迎えた。よかったのは感情の蓋が開け放たれたことだけだった。

恋愛で消耗したエネルギーが回復すると、生活の色が変わった。出版の仕事は面白く、自分に合っていた。能力が発揮でき、それが認められると自信が湧きあがる。周囲の人々とも共感し合えるし、自分がありのままの自分でいることができる。それまでの人生のなかで、一番居心地のいい場所だった。心や体を縛っていたさまざまな鎖が解かれ、自分が解放されてゆくのがわかった。自信を取り戻し、私はふたたび家を出て、家出ではなく、ちゃんと独立した。

日々、感情が動く。喜怒哀楽というのがこんなに生き生きとしたものであったのかと、私は驚いた。氷のような顔で見ていたテレビや映画にも、泣いたり怒ったりと心は反応する。これらは苦難に満ちた恋愛で、感情が噴き出したおかげだろう。笑い、泣き、怒ることの大切さを味わったせいだ。長いあいだ、蓋をして閉じこめてきたそれらの感情の存在に、やっと気がついたせいだ。世の中の映るすべてのものが色づいて見えるようだった。

その後、私はすっかり感情的な人間になり、人と喧嘩するようにもなった。が、まだまだ未熟であるから、冷静に怒りを表現できるまでにはいかない。怒りはじめるとついカッとなって逆上してしまったりもする。しかし、それでもいいじゃないか、と思うことができる。ゆっくりと時間をかけて変わってゆけばいいのだ。どんな駄目な自分でも、それなりにやればいいのだ。

自分を受け入れると、人の見方も変わる。親への見方も変わり、彼らは彼らなりに十分やってきてるじゃないか、と思えるようになった。そして、かつてはネガティブなことばかりを思い出したのが、いい思い出が蘇るようにもなった。いいとらえ方もできるようになる。

母親が支配的なのは、彼女が長女で兄弟の面倒を見なければいけなかったせいなのだろう。祖母は少女のような人であったから、精神的支柱を一手に引き受けていたのかもしれない。父方の祖母は無口な人で、祖父は酒好きでわがままだった。父親は明らかにアダルト・チャイルドである。しかたがなかったのだ。

といっても、いきなりいい人だ、愛してるという境地には達しない。ありがとうということはできても、怒りは残る。言葉で感情を表現できるようになっても、母親は私の非難に怒るばかりで、謝ってくれたことなどない。悪いと思っていないのだから、謝るはずはないのだ。まだ、こちらの表現も未熟なままだから、納得もできないのだろう。

どちらかの人生が終わるまでに、母親に一言「ごめん」といわせてみたいと思っている。敵も頑固だが、こちらも頑固だから、これはなかなか面白い勝負になるだろう。

今では一緒に旅行に行くし、食事にも行く。まるで普通の親子のようになってしまってちょっと気が抜ける。だが、葛藤よりははるかにいい。自分が苦しくないからだ。

私の回復のストーリーは、ここで一応、終わりを迎える。回復といっても初めから問題がなかった人のようになるわけではないから、その後もいろいろな問題やトラブルは起きている。が、もうそれに押し潰されることはない。ひとつひとつちゃんと取り組み、解決することができる。

それができる力強さは、多くのことを乗り越えてきたことの実りだ。今ではすべての恥を勲章として掲げることができる。あの苦渋の日々があったからこそ、こうして本当の自分を取り戻すことができたのだ。

今では薬など風邪薬さえ服むことはない。相変わらずお酒は好きだけど、毎日飲むこともなくなった。一人の生活が気楽で楽しい。自分が好きだし、人類が好きだ。人生は素晴らしい贈り物だと思う。嫌なことも多いけれど、喜びや楽しさも多い。

アダルト・チャイルドであったことを、今は誇りに思う。

第8章

生きづらさの底に潜む子供時代の性虐待

生きるのが下手な女性の幼児期に秘められた性被害

子供のころに性虐待を受けた、という人々がいる。私もその一人だ。虐待というと暴力的なイメージを浮かべるが、性虐待は必ずしも、そうではない。性虐待のことを英語ではセクシャル・アビューズというが、アビューズには虐待のほかに〝悪用・誤用〟という意味もある。実際、加害者は悪用や誤用程度にしかとらえていないかもしれない。しかし、被害者にとっては心身に傷を残す深刻な虐待となるのだ。そこには大きなギャップがある。

性虐待は静かで陰湿であり、けっして人の目には触れない。そして、被害者もなかなか人にいうことはできない。それゆえに、その被害の実数がどのくらいあるのか、実態はどうなっているのか、明るみに出ることはなかなかなかった。

だが、最近のアメリカのレイプ・リサーチ・センターの調べによると、調査対象の女性の約三分の一が、十三歳以前に性暴力の被害を受けた経験があったという。そこには家族内の性虐待も含まれる。

日本での状況はまだわからないが、アメリカに近いような現状があっても不思議はない。だが、すぐに正確な数字をつかむことは難しいだろう。厚いタブーの壁に阻まれているからだ。

しかし、以前に比べれば状況はずいぶんとよくなりつつある。性虐待、特に家庭内におけるそれはかつてタブー中のタブーであり、口にすることもできないことだった。いっても誰も信じようとはしないし、否定され、いった本人が変だといわれてしまう。

現にフロイトは、何人かの女性が家庭内の性虐待をほのめかしても、それを現実のものとして認めようとはせずに、妄想や願望として処理してしまった。それが母親に性的願望を抱き、父親に嫉妬するというエディプス・コンプレックスにつながってゆく。妄想や願望をもつ患者もいただろうが、現実に体験した患者も多かったはずだ。そして、最近では、現に体験している人々がいる、ということが認められつつある。

これはフロイトも認めていることだが、幼いころの性虐待は心的外傷（トラウマ）としてその後の人生に大きな影響を与える。つらい記憶には蓋をするという自己防衛本能が働いて、それらの記憶を消し去ってしまったとしても、影響だけは刻みこまれるように残るのだ。

さまざまな神経症状や性格の偏りなどで、本人も気づかないままに引きずっていることもある。

これはある女性の例だ。その女性、栄子さんは二十代半ばであったが、人間関係がうまく築けないことで長いあいだ悩んでいた。人に対する緊張が強く、うちとけて話をすることができない。自分の考えていることや気持ちを知られるのが怖く、いつも思っていることとは反対のことをいってしまう。友人もできないし、恋愛経験もない。また、不眠や不安などの神経症状もあった。だが、どうしてそうなのか、何が原因なのか、心当たりはまったくなかった。

彼女はいろいろなセミナーに出て、なんとか自分を変えようとしていた。もっと自分をオープンにし、人と普通につきあえるようになりたいと望んでいた。人と交わればいつも自己嫌悪ばかりを感じ、生きているのがつらいと感じていた。苦しかったのだ。

ある日、彼女はインナー・チャイルドを癒す、というセミナーに出席した。インナー・チャイルドというのは心のなかの子供の自分だ。子供のころの傷ついた自分が、幼い姿のままに住みつづけている、という考え方で、アメリカの心理学から生まれたものだ。インナー・チャイルドを癒すことは、現在の自分を癒すことにもなる。

栄子さんは誘導瞑想に入った。子供のころの自分を思い起こし、自分自身の幼い姿を思い浮かべた。五歳ころから始まって、さまざまな映像が浮かび上がる。やがて、あるひとつの映像が浮かび上がった。祖父と一緒の布団に入っている姿だった。

栄子さんは驚いて目を開けた。そんな記憶はない。心臓の激しい動悸を感じながら、栄子さんは見たばかりの映像を打ち消そうとした。その日は混乱し、栄子さんはよく覚えていないという。

記憶の蓋は一度開けると、もとに戻らない。栄子さんはその後、徐々に記憶を蘇らせた。祖父から性虐待を受けていた。その事実を受け入れるまでには、激しい胸の動悸と戦わなければならなかった。

過去を思い出すつらい作業も回復への道程

封印していた記憶を呼び覚ますことは、ときに危険をともなう。それを思い出せば、つらさや苦しさも蘇る。耐えがたいほどの苦しさであれば、精神の均衡を失ってしまう。神経症や精神病が発症する可能性もありうるのだ。

だからこそ、その記憶は無意識の深い底に沈められるのである。その人にとってマイナスにしかならない出来事は、なかったこととして葬り去ってしまう。それが人間の自己防衛本能だ。生き延びるためのシステムである。

しかし、そのシステムは完璧ではない。すべてを葬り去ってくれるなら問題はないのだが、トラウマは必ず後遺症を残してしまうのだ。〝心的外傷後ストレス障害(PTSD)〟という言葉がある。トラウマになるような経験をすると、それがストレスとなってさまざまな後遺症を残すのだ。

事故や災難、病気などもそうだが、人間関係のトラブルや虐待などもそこには含まれる。強姦や性虐待などは、そのなかでも特に大きなトラウマを残すものといえるだろう。

セミナーやワークショップなどで、過去を思い起こす作業を行なうことがある。また、本などを読んでやってみる人もいる。が、このとき、思い出したくない、と強い抵抗があるようであれば、無理に思い起こす必要はない。無理に掘り起こせば、心が耐えられなくなってしまうこともあるからだ。そのときにはできなくても、やがてできるようになる日がくることもある。そのときに、無理なく行なえばいいことだ。

思い出すということには価値がある。問題を見つめるということは原因がわかるということだ。体の病気でも原因がわからなければ治療法は定まらない。心の問題も原因がはっきりとすることで、回復への道につながるのだ。原因となった出来事を受け止めることで、それを乗り越えることができるようになる。

回復への道程は平坦ではないし、短くもない。原因がわかったからといって一日や一カ月で回復できるものでもない。何カ月か、あるいは何年かの月日を費やすことも珍しくはない。しかし、回復への扉が開いたら、必ず出口に辿り着くことができるのだ。

栄子さんの場合も、過去を思い出し、それを認めることで最初は大きなショックを受け、苦しみが襲った。不眠や不安などはさらにひどくなり、動悸や息苦しさまでそこに加わった。死にたい、という思いすら湧いたという。だが、カウンセリングを受けるうちに、激しい動揺は治まっていった。

そして、今までの自分の苦しさの原因が、おそらくその体験にあるのだろうということも認められるようになっていった。そこから先は癒しと回復へのプロセスになってゆく。まだ、扉が開いたばかりであるから、栄子さんの道はこれから始まる。時を経て、必ず回復に行き着くはずだ。

家庭内の性暴力は被害者の心を閉じこめる

性虐待は、その人の多くのものを壊す。自尊心、自己愛、自信、他人への信頼、世の中への信頼などが一気に失われ、それまでの世界観が壊れてゆく。

以前、イギリスで男性同性愛者の強姦事件の多発が報じられたことがあった。公衆トイレで襲われた男性被害者は精神的な障害をもつようになったり、自殺する例もあるという。男は強くあらねばならない、という規範のもとで生きる男性にとって、強姦されるという事態は強さの否定につながる。それは同時にアイデンティティの崩壊に匹敵するのだろう。

子供が家族の一員から性虐待を受けたらどうだろう。それ以上の心的外傷を受けても不思議はない。なにしろ、自分を守ってくれるはずの存在、保護者であり、安心を与えてくれるはずの人が自分を傷つけるのだ。おまけに、そこには〝人にいえない〟というさらに大きな抑圧がつく。

子供を凌辱する加害者は「これは内緒だよ」「誰にもいってはいけないよ」というのが普通だ。そして、被害者はそういわれることで〝悪いことをした〟という意識を植えつけられる。それはそのまま自分自身の罪の意識にもなってしまう。

そもそも近親相姦は、現代では世界のタブー中のタブーだ。それだけ強い禁止があるということは、それだけそれをしたがる人がいる、ということではないのだろうか。それが起こる可能性や危険性は、実はかなりの高率で存在するのではないか。そして、稀ではない確率で現に起こっているのではないか、とも考えられる。

しかし、自らそれを口にする人はいない。恥ずかしいことだといわれているからだ。自分がそれをされたと知ったら、たとえ口止めされていなくてもいいにくい。

自分は悪いことをした、と思うのはそれだけでもつらい。そこに自分は汚れてしまったという恥辱感が加われば、自分の存在を恥ずかしく感じるようになってしまうかもしれない。子供は自分を被害者だとは思わずに、何をされても自分が悪いのだと感じやすい。こんな扱いを受けてもしかたがないのだ、という屈辱感などが加われば、健康な自尊心は損なわれるだろう。体験そのものは恐怖であるし、それは人間への恐怖心を抱かせることになる。こんな大きなトラウマを受ければ、その後に深い後遺症を残すのは無理はない。

さらにそれが家庭内で起きたとしたら、家庭は安全な場所ではなくなり、自分の〝居場所〟が失われてしまう。

家庭が安心できる場所ではなかった、というのはアダルト・チルドレンを生み出す要素のひとつだ。

虐待はストレスを生み出すばかりでなく、存在の根底を危うくしてしまう。そして、その後の生活に影響を与えつづけるのだ。

兄から性虐待を受けた小学五年生の妹

久美子さんは夜が怖かった。寝つきが悪く、眠りも浅い。ちょっとした物音がしても目が覚めてしまい、そのまま二、三時間眠られなくなるときもある。夢も多く、夜中に誰かに覆いかぶさられるような苦しさを感じ、目が覚めることも多い。ときにはうなされて呻《うめ》き声をあげているのを、自分で聞いて起きることもあった。それは過去の体験そのものだった。

小学校五年生のとき、久美子さんは三歳年上の兄から性虐待を受けた。久美子さんの家では家族四人がおなじ寝室で寝ていたが、両親の寝るのは遅い。兄妹の二人だけが先に眠りにつく。ある夜、下腹部に痛みを感じて目を覚ますと、兄が覆いかぶさっていた。寝間着と下着が下ろされ、足のあいだに兄がいる。

久美子さんは寝たふりをしたまま体を捩《よじ》らせた。兄は慌てて久美子さんの衣服をもとに戻した。何が起きているのかわからなかった。

翌日もおなじことが起こった。それが何を意味する行為なのかはわからないが、痛いし、怖い。寝返りを装って体を引く。そんなことが何日もつづいた。が、久美子さんは親にはいえなかった。なぜかいってはいけないことのように感じたのだ。できたのは寝る時間を遅くして、両親が寝室に行くまで待つことだった。眠いのを我慢して、両親とともに寝室に入るようにした。それによって兄の行為はやんだ。

中学生になると久美子さんは別の部屋を自室にもらい、そこで寝起きをするようになった。しかし、鍵はなく、久美子さんはまたいつ兄が来るかと思うと、安心して眠ることはできなかった。実際はもう二度とは起きなかったのだが、それは結果にしかすぎない。久美子さんは家にいるあいだじゅう、常に怯えて暮らさなければならなかった。

兄のしたことがなんであったのか、しばらくして久美子さんにはわかった。大きなショックだった。自分はもう処女ではない、人に愛される資格はない、と思うと深い絶望感が襲う。汚された、と思うと憤りがほとばしる。そんなことを露ほども知らず、兄と仲よくする母親に対しても怒りが湧く。自分を守ってくれなかった父親にも憎しみが向かう。

久美子さんは家に火をつけて家族全員を殺す幻想をもちつづけた。その思いを抑えることも苦しいことだった。情緒は常に不安定で、頭がおかしくなるのではないか、という不安に怯えて暮らす毎日だった。

家族とはほとんど口をきかなくなり、久美子さんは自分の殻に閉じこもった。しかし、成績は優秀だし、もともとおとなしい性格だったので、家族もあまり気にしていなかった。むしろ、性格が暗い、と兄や母親から非難され、久美子さんは新たな怒りを溜めこんだ。誰のせいでこうなったのか。叫びたいが声にならない。攻撃性は自分に向かい、久美子さんは自殺することばかりを考えるようになった。それだけが唯一の救いのような気がした。

恐怖の性暴力はその後の異性観まで歪めた

自殺は実行はできなかった。剃刀を手首に当てたことはあるが、怖くなってそれを放り投げた。悪夢にうなされながらも、久美子さんはなんとか生きつづけた。

高校を卒業した久美子さんは大学への進学を諦め、就職と自立の道を選んで家を出た。兄は地元の大学に通って、家で暮らしつづけている。家にいるかぎり、安心して眠ることはできない。久美子さんは一刻も早く家を出たかった。

一人暮らしを始めた久美子さんは失望した。家を離れればちゃんと眠られるようになるのではないかと思っていたのだが、そうではなかったのだ。相変わらず寝つきは悪く、熟睡できない。廊下や外で物音がするたびに、びくりとして目が覚める。

久美子さんは悔しさで泣きたくなった。あの体験をいつまでも引きずっていること、解放されないことが悔しかったのである。

不眠の苦痛から、精神科を訪れたこともあった。何回かの面談ののち、久美子さんは兄とのことをおぼろげに匂わせたこともあった。しかし、医師は関心を示さない。処方された睡眠薬も効果はあまりなく、ほどなく通院はやめてしまった。ここは救いにならない、と感じたのである。医師にも薬にも、もう期待はもてなかった。

久美子さんには、もうひとつの悩みがあった。男性に対する恐怖感と拒否感だった。道を歩いていて、すれちがう人と目が合っただけでも、久美子さんはドキリとする。あの男は変態ではないか、と思ってしまうのだ。気持ちの悪さと嫌悪感も湧いた。

職場でも男性に対しては好意をもてず、近寄られると無意識のうちに体を離す。自意識過剰、といわれて傷ついたこともあった。気にしすぎなのはわかっていても、自分ではどうにもならない。

拒否感が強いわりには、久美子さんには無防備なところがあった。社員旅行のときに酔った男性社員に言い寄られ、抱きつかれてキスされても平然としていた。年配の男性社員に口説かれ、抱きつかれたときにも動じずにあしらった。それ以上の行為に進むことはなかったが、彼らの行為はそれだけでも十分な性暴力だった。

今ならセクシャル・ハラスメントと呼ばれるそれらの行為に冷静に対処しながらも、久美子さんは性の対象と見られることに自己嫌悪をもった。こんな目に遭うのは自分にどこかいやらしい雰囲気があるせいではないか、と考え、自分を汚れたもののように感じることもあった。

男性に対して拒否感はあったが、恋愛に対する憧れはあった。優しく包んでくれる恋人が欲しい。そう思ってつきあってみるのだが、すぐに相手の欠点が目についてしまう。同性に対しては寛容になれるのに、男性に対しては小さな短所すら許せないのだ。まもなく嫌気がさして、つきあいをやめてしまう、というパターンだった。別れるときにも相手の欠点を並べたて、徹底的に傷つけるのが常だった。

攻撃的になると、それはどんどんとエスカレートした。そんな自分に、あとになってさらに嫌悪感が募る。

こんな自分をなんとかしたい、と久美子さんは思いはじめていた。その時点ではまだ、自分の問題は単なる性格上のものだと考えていた。過去に兄から受けた性暴力と結びつけては考えていなかったのである。

歪められた異性観を正すために

久美子さんはあるとき、男女関係と恋愛について考えるワークショップに参加した。そこで男女関係において生じる問題は自分の問題であることを学ぶ。異性への接し方、感じ方、自分が繰り返してしまう行為、必ずぶつかる問題などは、相手に非があるわけではなく、自分が生み出すものだ。まず、自分の問題を探り出すことから、解決への糸口が見つかる。そう教えられて、久美子さんははっとした。

誘導瞑想、イメージ療法などを進めてゆくうちに、過去の体験が大きく浮上したのである。そのときの傷が異性への敵意となり、不寛容や攻撃性を生み出していたことに久美子さんは気づいた。

兄に対して憤りを感じていたこと、それをずっと押し殺してきたこと、その怒りの感情をつきあう相手にぶつけていたことなどが、しみわたるようにわかった。あの体験が自分の人生を縛っていた。そう思うと改めて兄に対する怒りが湧きあがった。

自分のなかの問題を直視し、原因を見つめることで、ますます久美子さんは苦しくなった。抑えこんでいた怒りの感情がつぎつぎに湧きあがってくる。

久美子さんはさまざまなセミナーやワークショップに参加するようになった。

感情を癒すもの、過去を癒すもの、新しい未来を築くためのもの、人間関係を築き直すためのもの。安くはない参加費に給料のほとんどをつぎこんでいった。が、収穫は大きかった。

久美子さんはまず自分に対する否定感を癒すことができた。自分は汚れている、いやらしい人間だ、という否定を手放す。被害者はけっして汚れない、という新たな考え方を自分にとりこんだ。

また、異性に対する否定の思いも、過去の体験から生まれるのだと、確認できた。怒りや攻撃性をもったとしても、それは久美子さんの責任ではない、と教えられたのだ。自分の性格が悪いからだと思っていた久美子さんは、自己嫌悪のひとつが溶けるのを感じた。そして、イメージ療法などによって感情を癒すワークをし、ほんの少しずつではあるが、落ち着いてきた。

職場などで受けたセクシャル・ハラスメントの問題も解決された。性被害を受けた経験のある人は、そこでの敗北感を記憶している。それを乗り越えるために、つぎには勝とうという気持ちが無意識に働いてしまう。それが性被害に遭うような状況を作りあげてしまうのである。普通の人なら逃げるところを、それに挑もうとするから逃げない。そして、ふたたび被害者となる。自分はこんなことでは負けない、と自分に言い聞かせるのだ。が、被害に遭ったことでやはり傷つき、今度こそは勝とうとまた思ってしまう。

そのメカニズムを教えられたとき、久美子さんはセルフ・イメージが大きく変わった。いやらしくて駄目な人間だという自分に対するイメージは、そこで壊れて消えた。それどころか、自分はそんなにも頑張って生きてきたのだと、初めて気がついたのである。無意識に行なってきた心の努力を知り、自分を健気《けなげ》だと感じることができた。駄目なんかじゃない、十分やってる。自分を認めることができた。

何年かがたち、久美子さんは恋愛をした。今度はつづき、関係も深まっていった。ただ、久美子さんには不安があった。まだ、一度もセックスを経験していなかったが、どうせ自分はもう処女ではない、という思いがあった。それは苦しいものだった。が、恋人と結ばれてみると、自分が処女であったことがわかった。幼いころの体験は破瓜《はか》にまではいたっていなかったのである。

その恋愛は破局したが、その後、久美子さんは以前のような苦しさからは解放され、生き生きと生きられるようになったという。

トラウマは過剰反応を起こして恐怖を呼び戻す

性暴力の被害体験は大きなトラウマを残す。自分でも気づかないような深い部分から、その影響はたえず湧きあがってくる。

私は第7章で記した以外にも、性的被害を受けたことがある。小学生のころ、公園で見知らぬ男に体を触られた経験をはじめ、露出狂との遭遇、変態による尾行、電車における痴漢行為など、正確な数字は思い出せないほどだ。社会に出てからのセクシャル・ハラスメントも数知れない。

しかし、成人後のセクシャル・ハラスメントは、トラウマにはならない。その場でも対応できるし、自分の傷にはならないように処理できる。

むしろ、私は男性に対する怒りや攻撃性をもちつづけているので、逆に相手を精神的に傷つけることなどもしてしまう。人前でののしるなど、お手のものだ。

セクシャル・ハラスメントをするような人間は傷ついても自業自得、と考えているので、あらためようとも思わない。男をいじめるのは実に気持ちがよく、スカッとさわやか！とすら思う。この性格は一生直らないかもしれないが、それでもいいと思っている。

いうまでもなく、これは私のなかの病的な部分のひとつだ。男に対する怒り、憎しみ、復讐心などが、いまだに燻っていることの証しでもある。これらが癒され、消え失せれば、楽になるのはわかっているし、そのための努力もしているのだが、なかなか簡単にはいかない。それでも、昔に比べればはるかに軽減しているのである。

思春期のころなど、私の男性に対する警戒心は病的だった。世の中の男はすべて変態であるかのように、常に緊張を張り巡らせていた。男友達はいても、性的な話題になると心のなかで嫌悪感が滲み出る。が、それを悟られたくないので、顔では平気なふうを装う。むしろ、あけすけな表現などをして、性などにこだわりがない態度を装った。そんなことに負けてはいけない、と強がっていたのだ。

そうした過去を振り返ると、やはり影響を与えつづけているのは、幼児期の体験であるのがわかる。世界観を築きつつある子供は、自分が体験した出来事を世界観の建材にする。それらを積み重ねて、その人なりの世界観が作られてゆくのだ。恐怖や屈辱に満ちた体験をすれば、その人の世界観の柱や屋根にそれが使われてしまうのだ。

私にとって男は怖くて汚らわしいものだった。今でも世界観のどこかにそれは残っている。もしかしたら、そのせいでいまだに結婚できないのかもしれない。見方を変えれば、その世界観にはいい点もある。男性に対して警戒心が強ければ、被害に遭う確率も少なくなる。私はよくいっさいの予約なしで、放浪のような海外の旅に出るが、性被害にあったことは一度もない。これには人並み以上の警戒心がとても役に立っていると思う。

異性には理解されにくい、性被害による耐えがたいストレス

あらゆるトラウマはすべて〝心的外傷後ストレス障害〟を引き起こす可能性があるが、性虐待は特にその可能性が高いのではないかと思う。叩いたり殴ったりする暴力よりも、さらに自尊心を傷つける確率も高いのではないか。また、数字

には表われないが、依存症や神経症状をもつ人のなかには性暴力の被害者が多いと、精神医療に携わる人が洩らす。

しかし、精神科医のなかにも近親相姦へのタブーが無意識に植えつけられているためか、その方向へ目を向けようとする人は少ない。

精神医学自体も長いあいだ、男性によって作られてきた世界であるから、性の被害ということ自体が理解されにくいのだろう。男性は性の被害者になることは少ない。見知らぬ女性に警戒したり、夜道で怯えることはないのだ。したがって、性暴力を受けることが、どれほどのストレスとなるかは、想像することもできないだろう。

二十世紀初頭に出たイギリスの作家で、ヴァージニア・ウルフという女性がいる。厳格な父親は女性に教育は要らないという考え方の持ち主で、豊かな家であったにもかかわらず、彼女は独学で教養を身につけていった。父親の死後は自由になり、知識人たちとの交流を深め、小説家・批評家として名を成していった。

ウルフには幼いころ性暴力を受けた経験があった。異母兄からだ。ずっと後年になってからも、そのことを思い出すとぞっとして身が震える、とウルフは述懐している。それには共感を感じる。

驚いたのは、そのことに対するある日本の精神医学者の批評だった。ウルフの反応に対して〝異常〟だと判断を下しているのだ。そんな幼いころの経験が何十年たっても後遺症を残すのは、神経的な異常によるものだとその医学者は断じていた。

ウルフは何度も神経を病んでいる。危機的状態も経験したし、最後には川で投身自殺を遂げてしまっている。結婚はしたが、ウルフは同性愛の傾向が強く、正常な性生活があった確率は少ない。たしかに、彼女は病人であったかもしれない。アダルト・チャイルドだったといってもいいかもしれない。

しかし、性虐待を思い出して身が震えるというのは、異常なことだとは思わない。それは耐えがたいほどの苦痛をともなうものだ。だから、記憶を消してしまう人も多いのである。

それを異常だと評することに対して、私は憤りすら感じた。そして、落胆した。日本の、あるいは世界の精神医学界はこの程度のものなのか。こんな医者に会ったら、患者はますます傷つくだけだ。なんという無理解……。その批評を読んだのは四半世紀前のことではあるけれど。

現在は変わっただろうか。残念ながらあまり変わっているとは思えない。性虐待に関しては、近年その事実が意識されはじめたにすぎない。それを語る人が出て、それから研究が始まるのだ。理解され、早くケアされるようになることを望むばかりだ。

男性にもある性被害とその後遺症

性虐待の被害者は女性だけではない。成人男性が受けることはほとんどないだろうが、幼児や思春期の男子は被害者となりうる。以前にもマスコミで、母と息子の性関係が取り沙汰されたことがあった。これも実態はわからないが、現実にあるようだ。

十代の性の悩み相談を受けるホットラインがあるが、そこで相談者として電話を受けていたある男性によると、十代半ばから後半にかけての男の子から、母親との性関係に悩む電話がかかってくるという。その関係はときに何年もつづくこともあり、断ち切るのが難しい。いけないことだとわかってはいても、拒絶すると母親が寂しそうにする。どうすればいいのか、と子供たちは悩むという。

男性の性は能動的であるから、女性のように凌辱《りょうじょく》された、という屈辱感はともなわないのではないかと推測するが、これはわからない。女性の受けるダメージを男性が理解しにくいように、やはり女性からは想像がつきにくい。こうしたケースの体験者と出会う機会が得られていないので、ここで報告することもできない。能動的であるがゆえに、また被害者という立場にはなりきれないがために、男性の性被害はいっそう語りにくいのかもしれない。

今回の取材で出会ったのは、姉から性暴力を受けた、というケースだった。

その男性、治さんは結婚後一年で離婚を経験した。妻から離婚届けを突きつけられ、判をおしたのである。すでに妻の荷物はまとめられ、運び出されていた。決意の堅さは明らかで、引き止める自信はなかった。なにしろ、性生活がまったくといっていいほどなかったのだ。

治さんの上には十三歳年上の姉と十一歳年上の姉がいた。二人とも気が強く、治さんはいつもあれこれと注意されていた。両親は共働きで不在が多く、治さんは生活全般にわたって姉の保護の下で暮らしていた。逆らうこともなく、治さんは姉二人のいうことに従っていた。

逆らわなかったのは治さんがおとなしかった、というだけの理由ではない。一言でも言い返そうものなら、姉二人は怒りだす。ときには感情的になり、大声を出すこともあった。治さんにとってはとても怖い存在だった。

やがて思春期を迎え、治さんも性に興味をもちはじめた。中学校の友達からポルノ雑誌を借り、部屋でこっそりと読む。何冊かの雑誌が机の引き出しの奥にしまわれていた。それがある日、目の前に突きつけられたのだ。

学校から帰ると、仕事が休みだった下の姉が玄関に現われた。手に隠しておいたポルノ雑誌を持っている。露出度の高いページを広げ、姉は治さんの目の前に突きつけた。

「いったいこれはなんなの。勉強してると思ってたのに、こんなものを読んでたのね。なんて子なのよ、いやらしい」

治さんは顔を赤らめ、うつむくばかりだった。夜になって上の姉や両親が帰ってくると、そのポルノ雑誌は全員の前に広げられた。女性は皆、眉をひそめる。

父親は立ち上がり、風呂へと逃げこんでしまった。父親は女性問題が発覚したことがあり、折りに触れてそれを蒸し返されていた。それ以来、恋愛や性に関する話題になると、すぐに姿を消す習慣がついていた。治さんは助けも得られず、三人の女性の非難に晒された。

それだけであったら、よくある出来事ですんだことだろう。治さんの場合はそれだけではすまなかった。

普通のセックスができなくなったための破局

何日かがすぎたころ、夜、二人の姉が部屋に入ってきた。座っている治さんを仁王立ちで見下ろし、いった。

「ズボンを脱ぎなさい」

治さんはうろたえた。なぜ、そんなことをしなければならないのかわからない。

「あなた、セックスなんてしてないでしょうね。確かめるわ。脱ぎなさい」

首を横に振りながら体を引くが、すぐに腕をつかまれ、取り押さえられた。そして、強引にズボンを脱がされ、下着も下ろされた。二人の姉は覗きこみ、ボールペンでつつく。やがて大きく笑いだした。

治さんは怒りと屈辱を感じていた。が、それを表現することはできなかった。

「単なる好奇心だったのは見え見えだった。遊ばれただけだ」

怒りを浮かべながら、治さんは述懐する。

それ以降も姉の監視や干渉はつづき、治さんは怒りや反発を溜めこんでいった。嫌悪と憎悪を口にするようになり、年を経るとともにあからさまにののしるようになった。関係は悪化の一途を辿《たど》るように見えたが、それだけではなかった。治さんは姉を嫌いながらも、何かがあると頼っていたのだ。依存心が強く、何かにつけて不安を感じやすい性格だった。大嫌いな姉に頼らざるをえなかったのだ。

姉は結婚して家を出ていき、その後何年かして、治さんも結婚した。そして、問題が明らかになったのである。治さんはセックスができなかった。

結婚前にも何度かしたことはあった。まったくできないわけではない。が、気持ちいいと感じなかったのだ。肉体的な快感はあり、射精もするのだが、何かがおかしかった。言葉では表わせないような不快感をともない、白けてしまうのである。常にセックスをしている自分を上から眺める自分がいるようで、夢中になれない。そのうち、いったい何をやってるんだろう、とさえ感じてしまう。

結婚したら変わるかもしれない、治さんは密かに期待していた。今まではそれほど好きでもない相手とだったから駄目だったのだ。妻のことは愛しているのだから、これまでとは違うだろう。そう思っていたのだ。が、結果はおなじだった。間もなく諦めがつき、治さんはセックスを避けるようになっていった。苦痛だったのだ。

性欲の処理はどうしたのか。治さんは気が向くと風俗店に行くこともあった。見知らぬ相手に一方的にしてもらうのは好きだった。ときにはSMクラブに行くこともあった。マゾの気があると昔から感じていたし、実際、快感が得られる。が、そのどちらも行く回数は少ない。性欲そのものが稀薄だった。

離婚してから、治さんは真剣に考えた。なぜ、人並みにセックスができないのか。どう考えても、それは姉からの虐待が原因としか考えられなかった。性に対する歪み、そして、女性そのものに対する拒否感の両方が自覚できる。女性の体を愛しいとは思えなかった。それでセックスなどできるはずはない。

治さんは回復していない。その入口にもまだ立っていない。原因は認識しているものの、どうしていいかわからないのだ。人に助けを求めるのには抵抗がある。自分のその問題を、人に知られることにも抵抗がある。こればかりは姉には頼れない。人に助けを求めるかわりに、治さんはお酒に頼りがちだ。まだしばらく時間がかかるかもしれない。

性への見方が歪むと人との接し方も歪む

ほかのあらゆる虐待もそうだが、子供は防衛の手段をもたない。ましてや、それが信頼している人であったら、拒絶することは難しい。子供は虐待に対しては無力だ。だからこそ子供の側に落ち度はまったくないし、純粋な被害者である。

そこから派生する問題は多く、これまで述べてきた以上の神経症状、精神的な悩みが多く見られる。自分の体や存在を否定しながら生きなければならないとしたら、その日々のつらさは計りしれない。

さらに、成人後には新たな問題も生じる。それは異性との関係がうまく築けなくなることだ。セックスを肯定的に受け入れることができない、という人も女性には見られるし、不感症などの症状が現われることもある。男性であれば心因性のインポテンツを起こす可能性もある。

身体的症状以外に見逃せないのは精神的なものだ。異性に対して敵意をもったり、馬鹿にしたり、軽蔑したりしやすくなる。無意識に潜む憎しみから、わざと傷つけるようなことを繰り返すことも起こりうる。

男性で強姦という犯罪行為を起こす人がいるが、これは性欲だけが行動の原動力となっているわけではない。人によっては女性に対して強い敵意をもっており、その攻撃性が強姦という行為を引き起こすのだ。

また、セックスそのものを軽蔑し、価値のないものとして扱う場合もある。男性であれば風俗店に入り浸り、ナンパを繰り返したりする人もいる。女性でもナンパに応じてしまったり、自ら風俗店に勤める人などもいる。セックスなんかもったいつけるようなものじゃない、と軽んじて、自分の過去の傷を補おうとする。自分の強さを確認しようとする。もちろん、これは補いにはならず、ますます傷を深める結果になってしまう。

また、性的虐待を受けた人が、今度は虐待する側にまわってしまう、ということもある。暴力を受けて育った人がやがて暴力を振るう側にまわる、というケースとおなじメカニズムだ。人は自分が受けとったものを、人に与えやすい。回復は、こうした連鎖を断ち切るためにも大切となる。

トラウマが大きければ大きいほど、回復にも時間がかかるかもしれない。性暴力の体験を振り返るとき、回復の光は見えないと感じるかもしれない。が、それがどのような体験であっても、必ず回復への道はつながっている。自分で否定してしまえばそれは見えなくなるが、信じれば必ず開けるものだ。その道標はいっぱいある。

第9章

回復がもたらす
生き生きとした自分

失われた自分を取り戻すための第一歩

アダルト・チルドレンは回復する。が、回復とは、いったいどういうことなのだろうか。

回復したからといっても、最初から健康である人とおなじになるわけではない。自分がまったく別の人のように変身するわけでもない。何ひとつ問題がなくなるわけでもない。しかし、素晴らしいものである、ということだけはいえる。

アダルト・チルドレンには「サバイバー」という言葉が使われる。すでに述べたが、大きなトラウマを抱え、なお生き延びたことでサバイバーと呼ばれるのだ。

また、二番めの意味として、回復者としても、サバイバーの言葉が使われる。

アダルト・チルドレンは、親から受け継いだ問題を繰り返しやすい。アルコールや薬物の問題をもった家庭に育った子供は、普通の家庭で育った人よりもおなじような依存症にかかりやすい。アメリカの報告では、そうしたアダルト・チルドレンの約五十パーセントが依存症になるといわれている。女性も約二十五パーセントが依存症をもつ男性と結婚するといわれる。回復とは、この繰り返しを断ち切り、連鎖から離れることだ。

虐待された経験者であれば自分は虐待をしない、あるいはされる側にならない、共依存の対象であったなら、自分は共依存者にはならない。親とおなじにはならず、自分でそれを断ち切ることが、二番めの意味のサバイバーだ。

また、回復には「失われた自分を取り戻す」という意味もある。ありのままの自分、自尊心、自信、自己愛、人への信頼感、未来への希望。アダルト・チルドレンはそれらを傷つけられ、失っている。それを取り戻すことが回復には欠かせない。

それらのものは、人にとって大切な力だ。生きてゆくうえでの必要なパワー、何かをするのに欠かせないパワー、自分を信じ、人を信じるパワー、愛するパワー。それが失われていると、生きるのがつらくなる。人には簡単なことでも、パワーがなければ難しいことになってしまう。ただ、生きるということが難事業になってしまい、苦しさを生むのだ。

回復にはエンパワーメントが欠かせない。パワーを取り戻すこと、力づけだ。

失われた力を蘇らせ、そこから回復への道程を歩きはじめるのだ。砂漠で倒れた人に、いきなり前向きになって努力をしろとは誰もいわない。まず水を与え、食べ物を与え、体力を回復させてから歩くことに繋げるのだ。

アダルト・チルドレンは、長いあいだのストレスで力を消耗しつくしている。自尊心をずたずたに傷つけられている。生きているのがやっとの状態だ。そんな傷ついた人に向かって、自分を信じてチャレンジをしろ、といっても無理な話である。できるはずがない。まず傷ついた心を癒し、小さな力を取り戻すことから始めなければならない。

もっとも、それよりもさらに以前に、自分の心が傷ついていることに気がつかなければならない。〝気づき〟だ。それは自分が〝アダルト・チャイルド〟である、という自覚をもつことでもある。最初の一歩はそこから始まる。

「白か黒か」という極端な行動パターンからの解放

アダルト・チルドレンは、考え方や行動のパターンにさまざまな問題をもっている。それがトラブルを生み、生きることをますますつらくさせるのだが、なかなかそれに気づくことができない。自分のなかに問題があるとは思わず、他者や世の中を恨んだり憎んだりする。すると苦しさはさらに募り、悪循環にはまってゆく。

だが、ある日、何かのきっかけで気がつくことがある。それは人に指摘されたことがきっかけになるかもしれないし、アダルト・チルドレンという言葉に出会ったことがきっかけになるかもしれない。苦しさが限界点に達し、突然、気がつくこともあるかもしれない。そうして問題は自分にあると気づいたとき、そこが回復への転回点になるのだ。そして、やがてその問題からも解放される。

たとえば、アダルト・チルドレンは「白か黒か」あるいは「百かゼロか」という両極端な世界観にとらわれている。仕事をするにしても、百のレベルでやらなければ意味がないと思い、全力投球で頑張ってしまう。九十点や七十点では価値がないと思うのだ。完璧主義であり、高い理想をもつ。

しかし、実際には誰も百点など取れはしない。すると、自分は駄目な人間だと思い、自信をなくしてしまう。ときには仕事を放り出してしまう。ゼロにしてしまうのだ。百とゼロのどちらかしかないから、本人にとってほかの選択肢は見当たらないのである。

現実には、どんな人でも百点未満の仕事しかできない。必ず欠点はあるし、ミスもする。健康な人はそれでいいことを知っている。アダルト・チルドレンにとっての回復は、それを知ることであり、自分の身につけることだ。

両極端は人間関係に対しても現われる。自分を認めてくれる人に出会い、この人なら信じられる、と思ったとき、アダルト・チルドレンは相手をキラキラと光る水晶でできているように感じてしまう。一点の曇りもなく、完璧な人だと思うのだ。

もちろん、完璧な人間などいない。つきあいをつづけてゆくうちに、やがてその人の欠点を見つけることになる。すると、輝きは一挙に失われ、相手が真っ黒な泥人形のように見えてしまうのだ。こんな人だとは思わなかった、と裏切られたような感情をもってしまうこともある。

白から黒へと、アダルト・チルドレンは一気に対極へ飛ぶ。人間は美しい水晶と黒い泥との両方からできていることが、納得できない。中間や、ほどほどという感覚が存在しないのだ。

何かが破綻したときも、そのどちらかになる。仕事が失敗したときにも、自分の能力がないせいだ、なんと駄目な人間なんだと自分を責める。ひたすら自罰する。もしくは、こんな仕事、考えた会社が悪い、そもそも上司の指示が悪い、押しつけられた自分は被害者だ、と周囲のせいにする。他罰だ。

これは人間関係においても起こる。人が去っていったとき、自分は駄目な人間だから嫌われた、と思い落ちこむ。やはり誰にも好かれないんだ、自分はクズだ、人間失格だ……と、とことん自分に罪を負わせる。それとは逆に、相手を一方的に責めることもある。信じていたのに裏切られた、最初からそういうつもりだったんだ、とんでもない人間だったんだ、あいつは一生許さない。そういって、去っていった相手を恨む。

去っていった人にはそれなりの事情があったのかもしれない。たがいの相性が悪かったのかもしれない。

人はつきあいをつづけるうちに、合う合わないがはっきりしてくることもある。もし、自分が嫌われたとしても、人間はすべての人を好きになれるわけではない。

合う人はまた現われる。健康な人ならそう考えるのだが、こうした臨機応変な発想をアダルト・チルドレンはもつことができない。

アダルト・チルドレンは、極端な自罰か他罰に走る。先にあげたアダルト・チルドレンの十三の特徴のなかにつぎのようなものがあった。

十一、アダルト・チルドレンは常に責任をとりすぎるか、責任をとらなさすぎるかである。

この特徴は苦しさを生むか、人とのトラブルを生むかのどちらかとなる。回復によって、初めてそのとらわれから自由になれるのだ。

現実を認めたくない、という気持ちが回復を妨げる

とらわれのなかにいると、なかなか気づきは訪れない。とらわれのなかには〝否認〟があるからだ。否認とは、自分を取り巻く現実や問題を認めようとしな

いことだ。

ある男性がアルコール依存症になり、相談を受けたことがあった。朝から酒を飲み、仕事に支障をきたしていたし、手にも震えがあった。周囲の誰もがアルコール依存症だと感じていた。が、その妻は断じてそれを認めようとしない。本人も否定する。相談の内容は、肝臓が悪いようだが、普通の内科に行くか漢方治療にするか迷っている、というものだったのだ。

私は精神科へ行くことを勧めた。アルコール依存症を治すことが先決だと思ったからだ。しかし、そういうと、激怒された。侮辱だといって顔を真っ赤にして怒る。飲酒量が多いのは仕事のせいでストレスがあるからで、この程度ならいくらでもいる、と二人ともが主張する。体だけ治せばいいのだ、と言い張った。

のちに、病院の内科へ行き、そこで精神科の受診を勧められ、ふたたび怒った。病院を替え、そこでもおなじことをいわれて、やっと、現実に気づきはじめたのだ。さらに大きな病院の内科に行き、そこで精神科にまわされたとき、やっと二人は現実を受け入れることができた。その変化は本人のほうが早く、妻は最後まで否定したがっていた。

自分にとって都合のよくない事実は、なかなか認めたがらない。これまで出会った「気づき」以前のアダルト・チルドレンの人々にも、共通する否認があった。「でも、普通の家庭だったんですよ」と誰もがいうのだ。しかし、話を聞いてみると、いろいろな出来事が語られる。殴られて目が腫れた話、棒をもって追いまわされた話、母親が何回も家出した話、七歳のころから自分で御飯を作っていた話、夫婦喧嘩で家が傷だらけだった話。ええっ、どこが普通なんだろう、と思うが、「どこでもそんなものでしょう」と彼らは真顔でいう。

自分の家庭は普通ではなかった、ということは強く否認される。多くのアダルト・チルドレンが〝普通の平凡な家で育った普通の私〟を演じる。単に演じているだけでなく、心の底から信じていることが多い。

ある女性は人からこういわれた。

「パラノイアだね」

パラノイアは妄想症とも呼ばれ、他の障害はなく妄想だけをもつ精神症状だ。いわれた女性はあとで辞書をひいて意味を調べたが、なぜそういわれたのかはわからなかった。その女性の家庭は父の暴力と母の家出で崩壊していたが、そのようなことは一言も語らず、普通の人として振る舞っていた。別の人からはこういわれた。

「育ちが悪いくせにお嬢様のふりをして」

この言葉に彼女は激怒した。「あいつを絶対に許さない」といって実際に彼女がしたのは、露見しない方法で相手に報復することだった。〝育ち〟にふれられると、彼女はいつも否定し、感情的になり、我を忘れた。彼女にとって、それほど認めるのがつらいことなのだろう。できれば、それはなかったことにしたいのだ。

現実は過酷で残酷であることが多い。それを直視し、受け入れることはつらい。ときには目を背け、忘れ去ることも心を守るためには必要になるだろう。が、それを否認しつづけるかぎり「気づき」は訪れない。回復への扉は開かないのだ。

写真嫌いな人には自分嫌いな人が多い

否認をしているかぎり、自尊心は回復しない。普通のふり、恵まれたふり、ふりをしても、それはあくまでもふりでしかなく、癒しをもたらすものにはならない。むしろ、そうすることでますます本当の自分を恥じ、否定することになり、マイナス方向へと後退してしまう。

本当は、どのような自分であっても、それでいいのである。欠点があり、苦手なことがあり、できないこともあり、能力はそこそこで、心も弱い。親にはあまり愛されなかったし、人から褒められたこともない。育ちも悪くて、性格も悪いかもしれない。でも、少しはいいところもあるし、得意なこともある。人間はそうしたものである、という前提で自分を受け入れれば、否定する必要はなくなる。駄目だという自己否定もなく、ちゃんとした自尊心ももてる。

しかし、それこそがアダルト・チルドレンにとっては難しいのだ。ありのままの自分を受け入れてもらった経験がないと、ありのままの自分に自信がもてない。自分は駄目なんだ、という自己評価から抜け出せないのだ。アダルト・チルドレンは自分を愛することができない。

私自身がアダルト・チャイルドであったから、つきあう人もアダルト・チルドレンが多かった。つきあいのなかで、特徴ともいうべきいくつかのことに気づく。

アダルト・チルドレンは写真に撮られることを嫌う。旅行などに行っても、こちらがふざけ半分でカメラを向けると怒りだすことすらある。これは自己評価の低いタイプに共通する。

思い起こせば、昔は私自身も写真に撮られることが嫌いだった。中学生のころなど、自分の写っている写真は見るのも嫌だった。修学旅行などでスナップ写真が展示され、買えるシステムになっていたが、私は集合写真すら買わなかった。なぜ、写真に写ることを嫌がるのだろう。あるとき、カメラから逃げる友人を見ながら考えた。そして、自分の過去を思い出して気がついた。自分が嫌いなのだ。だから、嫌いな自分の姿を残したくないのだ。

私も写真が特に嫌いだったころは、自己嫌悪がとても強かった時期と一致している。その後も、回復するまで、ずっと写真に撮られることは嫌いだった。その間、写真嫌いの原因など考えたこともなかった。気づかなかったのだ。

自己評価が低い人は、それが普通だと思っており、問題意識はない。ここにも否認が働いていて、自覚することができないのだ。それに健康な自尊心をもった経験がないから、それがどういうことかもわからない。気づきのきっかけは身の周りに豊富にあるのだが、それがあることにも気がつかないことが多い。

「気づき」には、実が熟すような時間が必要

「気づき」は、人が引き起こせるものではない。周囲の人間や専門家が気づかせようと思っていろいろなことをいっても、聞き流したり否定することは簡単だ。セミナーに参加したとしても、逃げ出してしまう人もいる。人から本を借りたとしても、少しだけ読んで拒絶してしまう人もいる。そうしたことで気づく人もいるが、いくら材料を提供しても気づかない人もいるのだ。

おそらく、気づきにはある一定の時が必要なのだろう。実が熟するのに時間が必要なように、気づきにもそれなりのプロセスが必要なのである。その時がきていなければ、いくら話を聞いても本を読んでも、指摘を受けても、心に届かない。記憶に残ったそれらの情報が、のちになって突然、気づきを呼び起こすこともあるが、そこには時間の流れが必要なのである。

気づきを得たというのは、回復の時がきたという知らせでもある。その人のな

かに、回復する力がついたということかもしれない。準備が整ったということかもしれない。それは大きなチャンスでもあり、幸運でもある。

気づくことは大切だが、気づかなければいけない、ということではない。気づかなければ、気づかないでいいのだ。焦る必要はないし、義務のように課す必要もない。

自分が気づくと、ほとんどの人は親や周囲の人にその気づきを教えたくなる。特に親におなじ気づきをしてもらい、問題を理解してもらいたいと思ってしまう。が、相手もおなじように気づくとは、期待しないほうが賢明だ。どんなに言葉をつくしても、その時がきていなければ気づきは訪れない。あまり期待すると失望を招いてしまうことになり、さらに新たなトラウマを生みかねない。むしろ、そのエネルギーは自分に向けて集中したほうが役に立つ。なにしろ、気づきはそれからあとが大変だからだ。

気づくことは、それだけでもつらさをともなう。まず、自分に問題があることを認めなければならない。他罰的で攻撃的な面が強かった人は、自分にも悪い点があったということを認めなければならなくなる。

人間関係がうまくいかないのも、仕事を最後までやりとげることができないのも、周囲が悪いからではなく、自分に問題があるからだ。その現実を直視するのは結構、ハードな作業となる。落ちこんでしまう人も多い。

しかし、これが転回点となる。自分の問題であるならば、変えることができる、と気がつくのだ。他人や世の中を変えることはできないが、自分は変わってゆくことができるのである。

「気づき」のあとは「人に話す作業」へ

これまで、苦しくてどうにもならないと思い、絶望感をもっていたとしたら、その思いこみは「気づき」によって崩すことができる。自分が変われば生き方が変わり、人との関わり方、社会との接し方が変わる。今までうまくいかずに苦しいと感じてきたことが、解消されてゆくのだ。このあとの人生は、自分しだいでまったく違うものにできるのである。

気づきでつらい思いをしたら、そうしたポジティブな側面を忘れないようにすると気持ちが楽になる。アダルト・チルドレンはなんでもネガティブにとらえる傾向が強いから、ポジティブな発想をもつことは、それだけでも回復の助けになる。

自分の問題に気づいたら、つぎにはそれの原因を探らなければならない。なぜ、そうした問題が生まれたのか、それを解明するためには過去を遡る必要が出てくる。これもまた、つらい作業になりやすい。家族とのやりとり、そこで傷ついた自分を思い出さなければならないからだ。息苦しくなったり、動悸が起こるという人もいる。あまりにつらく、耐えがたかったら、無理に進める必要はない。少しずつ、力をつけながら進めればいいのだ。

この段階の作業は、自分がアダルト・チャイルドであることの確認にもなる。自分の問題は成長過程の環境にあった、ということを認識することになるからだ。

これも気づきであり、この気づきは大きな救いをもたらす。自分が悪いわけではなかった、自分の責任ではなかった、ということがわかるからだ。同時に自分は何者であったのか、というルーツを得ることになり、アダルト・チルドレンという居場所を得ることにもなる。アダルト・チルドレンという考え方の一番の価値はここにある。ここが回復への入口になるのだ。

自分のなかで過去を見つめられるようになったら、つぎにはそれを人に話すという作業に進む。カミングアウトだ。同性愛者が、自分がそうであると告白することをカミングアウトというが、それを借りた表現である。ありのままの自分をさらけ出す、という目的はまさしく一致している。

カミングアウトすることによって、もう自分を隠す必要はなくなり、自分とは違う自分を演じる必要もなくなる。本当の自分を取り戻すためには欠かせないプロセスだ。

カミングアウトは、誰にでも話せばいいというものではない。その話を受け入れてくれる人、批判しない人、否定しない人でなければ意味がない。「親のせいにして甘い人間だ」などという人だったら、すぐに話すのをやめるべきである。批評を加えずに、黙って聞いてくれるような人、心から信頼できる人を探すのがベストだ。一気に喋らずに、少しずつ相手のようすを見ながら話す、というのもポイントかもしれない。

アダルト・チルドレンをはじめ、アルコール依存症、薬物依存症、摂食障害、虐待をする側・される側など、いろいろな人々が自助グループを作って活動をしている。そこではそれぞれの体験者が話をするのだが、部外者は入れないシステムになっていることが多い。体験者でない人がそこにいると、安心して話をすることができなくなってしまうからだ。

話をするためには、自分が安心できる人、安心できる場所を選んですることが大切になる。

体験者ばかりが集まる自助グループでは、もうひとつ共感が得られる、という利点がある。こんな経験をしたのは自分だけ、こんな思いをしていたのは私だけ、と思ってきたのが、そうでないことがわかる。ほかにもおなじような人がいた、わかりあえる、自分一人ではなかったという事実を知るのは、それだけで癒しの効果をもつ。疎外感、孤独感が癒されるのだ。

古い環境にしがみついていると、状況は変わらない

では、日常の生活のなかではどうだろう。

人間はおなじタイプが引き合う傾向があるから、アダルト・チャイルドどうしがつきあうことも多い。共感することができる、わかりあえる、という点では自助グループとおなじようなメリットがある。しかし、個人的なつきあいだと情緒的に絡み合ってしまい、どちらかに引きずられてしまうことも起こりうる。あるいは両方で引きずりあってしまう。

よい方向に向かって引きずり合うのならよいのだが、アダルト・チルドレンはおうおうにして悪い方向へと進んでしまう。二人だけの狭い世界に入ってどんどん内向したり、ネガティブな考えをたがいに確認し合って増幅してしまうこともある。傷の嘗め合いに終始して退行したり、いつまでも嘗《な》め合いの心地好さに浸って、前に進めなくなってしまうこともある。

私も数々の経験があるが、ふと気がつくと足を引っ張り合っていた、などということもあった。どちらかが先に進もうとすると、残されまいとして慌てて引き戻そうとする場合もある。情緒的に絡み合ってしまうと、離れるということも難しく、ひどく悩む。この人とはもう離れたい、と思っても、捨てていいのか、と心のなかで声が響く。

これは恋愛関係でもおなじだ。この関係はマイナスにしかならないと気づき、別れを決意しようとするが、なかなかふんぎりがつかない。心弱い相手を捨てるということに、ひどく罪悪感を抱いてしまう。

しかし、人間関係はときに壊すことも必要だ。アダルト・チルドレンにとって、それまでの人間関係を離れる、というのは回復のプロセスとして必要となることが多い。暴力などが生じていたらすぐさま離れるべきだし、憎しみしかないとしたら、やはり離れたほうがいい。共依存だと自覚があったら距離をおくことが必要になるし、うっとうしいと思ったら逃げてしまってもいいのだ。マイナスのほうが大きい、もう嫌いだ、と感じたら、離れたほうがたがいのためにもなる。我慢してつきあっていると、よけいに傷つけ合う結果にもなりやすい。

気づきのあと、回復のプロセスを進みはじめたら、人間関係の総点検をすると効果的だ。いい点、よくない点などを点検、確認し、離れるべき相手とはきっぱり離れてしまう。新しい世界を築くべく、古くて要らないものはどんどん捨ててしまう。自分が変わってゆくためには、環境も変えなくてはならない。古い環境にしがみついていると、状況は変わらない。

人間関係を作り直すと世界が変わってゆく

人間関係を作り直すというのは、回復途上における大きな前進となる。気づき以前のアダルト・チルドレンは偏った世界観のなかに生きており、人間関係もその偏りの上に築かれているのが普通だ。多くは、プラスをもたらすよりもマイナスを生み出す要素のほうが強い。自己評価が低い人は、自分を粗末に扱う人とでも平気でつきあってしまうし、そのほうが居心地がいいと感じたりさえする。どうせ自分は価値のない人間なんだから、怒鳴られててもしかたがない、と思ってしまうのだ。

自尊心を傷つけられた人は、自分を大切にすることを知らない。それがどういうことかもわからず、こんな自分なんか偉そうにしてはいけない、と感じて、自分を粗末にしてしまう。そういう生き方をしていると、それに相応《ふさわ》しい人との人間関係ができあがってしまう。こちらを馬鹿にしたり、ぞんざいに扱ったり、暴力を振るうような人とつきあいができてしまうのだ。

これは苦しさを増すし、つらさをもたらすだけだ。こんな関係をつづけていれば、自尊心はますます傷つき、悪循環に落ちこんでゆく。いうまでもなく、こうした関係は間違ったものだ。歪んだ病的な関係であり、マイナス要素しかない。アダルト・チルドレンが気づきを得ると、このことにも気がつく。はっきりと悪いとは意識できなくても、それ以前とは違い、どこか居心地の悪さを感じるはずだ。

これは回復のチャンスであるから、逃してはいけない。自分の感じたものを大切にして、それを尊重するようにする。自分の気持ちや感覚を優先してあげるのだ。それが自分を大切にするということでもある。優先順位を考え直すのだ。

気づき以前には、おそらく優先順位の上位は人のこと、相手の気持ち、周りの都合だったことだろう。それを入れ替えて、一番めは自分の気持ち、二番めも自分のしたいこと、三番めも自分の都合、と上位全部を自分に譲る。そうすると、自分は本当はどうしたいのか、何が嫌いで何が好きなのか、どうしてほしいと思っていたのかなどが見えてくる。可能であれば、それらをちゃんと満たしてあげればいいのだ。

最初はたぶん、なかなか実行しにくいだろう。今までそれは〝してはいけないこと〟だったのだから、抵抗があるかもしれない。が、小さなことからひとつずつやってゆくと、だんだんとやりかたがわかるようになってくる。そして、自分を大切にするということの気持ちよさも実感できるようになってくる。

こうなると、今までの人間関係は苦痛になるかもしれない。もし、パワーがあったら、それを断ち切ってしまうのもいい方法だ。まだ、それほどのパワーが回復していないとしたら、そのための準備を始めてもいいだろう。回復の道を進むうちに、やがて強い力が蘇って、実行に移せる日がくるかもしれない。

それと同時に新しい人間関係に目が向くようにもなるかもしれない。これまでとはまったく違うタイプに心が惹かれるかもしれない。そうした人々とつきあえば、新しい自分が発見できる機会にもなる。心地よい、と感じることのできる関係を築くようにしてゆくのだ。

人生を伸びやかに生きた作家・宇野千代《うのちよ》は、素晴らしく生きることの秘訣を尋ねられてこう答えた。

「自分を褒めてくれる人とつきあうことよ」

これはあらゆる人にとっての名アドバイスだ。そして、アダルト・チルドレンにとっては回復への助言となる。

自尊心の回復は生きる力を甦らせる

こうした過程を経ると、自尊心は少しずつ回復してくる。自己評価も少しずつ高くなり、自信もつくようになる。失われていた力を取り戻し、生きる力も湧きあがってくる。

だからといって欠点がなくなるわけではないし、完璧な素晴らしい人間に変わるわけでもない。重要なのは、完璧でない〝ありのままの自分〟を許せるようになる、ということだ。これが回復のもっとも価値ある点といえる。

もう何も隠すことはなく、背伸びすることもなく、駄目なところも弱いところも見せることができる。無理のない本当の自分で生きることができるようになるのだ。ここには苦しさはもうない。

長いあいだ生きることがつらかったのは、自分以上の自分になる努力を重ねてきたからだ。アダルト・チルドレンはとても真面目で理想が高い。それに沿って頑張れば頑張るほど、ストレスは溜まり、エネルギーは消耗し、生きることがつらくなってゆく。回復とは、その努力をやめることでもある。

人間は常に百点満点の状態では生きられない。八十点の日もあるし、四十点の日もある。苦手なことは十点のレベルでしかできないかもしれない。しかし、それでいい。もっといい加減に、もっとずぼらに生きていいのだ。

人になんといわれても気にせず、自分のしたいことを一番にしてかまわないのだ。それで、いったい誰が困るだろう。もし親が困ったとしても、それは親の問題であって、あなたの問題ではない。自分の人生は自分だけのものなのである。

さて、こうした考え方を学んだとしても、ある程度の回復を実感しても、そこでパラダイスが広がるわけではない。回復は万能の魔法ではなく、人生を白紙に戻してくれるわけではない。問題のすべてが私たちの心から消え去るわけでもないのだ。

考え方や方法を学んだからといって、それだけで心が青空のように晴れるという人は少ない。私たちの心のなかには、悲しみや寂しさ、怒りや憎しみが山のように積もっているのだ。それらをもちつづけていると、私たちの心はなかなか前へ進めない。落ちこみやすかったり、自信がすぐに萎えてしまったり、ついネガティブな方向へ流れてしまったりしやすい。考え方は変わっても、それを実行する力がつかないこともある。

ネガティブな感情は手放さなければならない。それにはグリーフワークという作業が行なわれる。

嘆いて泣いて怒る〝グリーフワーク〟が自分を解放する

グリーフは嘆きを意味し、グリーフワークとは〝嘆きの作業〟とも呼ばれる。ずっと心にもちつづけたネガティブな感情を、認め、味わいつくし、そして手放す作業だ。

心に感じた悲しみや怒りなどは、ほとんど抑圧されてしまっている。ときには感じとることすらなく、胸の奥底に閉じこめられてしまうのだ。

いったいどのくらいの苦しさが眠っているのか、私たちは自分でもよく知ることができない。が、それら嘆きの存在は私たちに影響を与えつづける。鬱や落ちこみという形をとることもあるし、不安や恐怖などとして現われることもある。なんとかしてくれと、メッセージを送るかのように、その存在を訴えつづけるのだ。

感情は抑圧していると、ずっと心のなかに居座りつづける。日常生活のなかでもそれは体験できる。腹の立つことがあっても、それをその場で言葉にし、表現してしまえばそれで発散されてしまう。体の外に出て、消えてゆくのだ。怒りっぽい人ほどケロリとして、根にもたないといわれているが、それはその場その場で解消しているからだ。

もし、それをしなければ、感情は外に出ることができずに内側に残る。腹が立ってもニコニコと笑ってしまえば、怒りは心のなかに閉じこめられて、いつまでも尾を引く。何かで癒されるようなことがないかぎり、消すことは難しい。グリーフワークは、それを解消するための作業だ。

精神科の療法などでも、それは行なわれる。体験者だけが集まり、それぞれが心にもちつづけた思いを語るのだ。

なかには感情をともなわずに、淡々とひとごとのように語る人もいる。感情が抑圧されているのだ。しかし、繰り返し語るうちに、ある日突然、感情がこみあげてくることもある。まるで蓋が開いたかのように、とめどなく涙が溢れ出すこともある。人の話を聞いているうちにそうなることも多い。

それは回復へのさらなる前進となる。感情を認め、嘆きがあることを受け入れ、とことんその感情を味わいつくすと、それは水が流れるように体の外へと出てゆく。涙を流し、声をあげて泣き、ときには身悶えしながら、閉じこめつづけた嘆きを解放するのだ。

何度も何度も繰り返されるかもしれないし、いくらでも湧きあがるかもしれない。それをけっして抑えることなく、思うままに出しつづけると、嘆きはすこしずつ減ってゆく。そうして、やがて、消えてゆくのだ。

初めは、感情を出すのが、とても恥ずかしく感じるかもしれない。誰でも抵抗を感じるし、無意識に抑えようとしてしまう。が、一人で部屋にこもり、わざと泣いてみようと思うと、少しずつ感情が動いてくる。悲しい映画や物語などを利用すると、もっと泣きやすい。泣くということへの抵抗が薄れると、だんだんと涙が出やすくなってくるものだ。

この嘆きの作業は、私たちの心を慰め、癒してくれる。

子供のころの自分〝インナー・チャイルド〟の癒し

癒しの方法としては、もうひとつ、〝インナー・チャイルド〟を使うやり方もある。

インナー・チャイルドとは、私たちの心のなかに住む〝子供のころの自分〟だ。傷ついたときの小さな自分は、癒されることもなく、心の奥に押しこめられる。無視されたときの自分、ぶたれたときの自分、冷たい言葉を投げかけられたときの自分、泣いている自分。それぞれの子供のころの自分が、誰の心のなかにも住んでいる。

インナー・チャイルドは、癒されないかぎり、嘆きのように胸に住みつづける。そして、折りにふれて、浮かび上がってくる。

ある女性は、父親の飲酒とそれにともなう暴力を経験していた。大人になり、男性と関わりをもつとき、彼女は相手が酔うととても怖くなる。声を荒げたりすれば、小さな子供のように、体を震わせて怯えてしまう。このとき、彼女のなかのインナー・チャイルドが反応しているのだ。父に怯えた小さな子供が、彼女のなかで蘇るのである。

私は母親に置いていかれるのではないかという〝見捨てられ不安〟が強かったから、それに怯えるインナー・チャイルドがいる。恋愛関係などで相手に放っておかれると、不安が増してきて、やがて怒りが湧きあがる。置いていかれた小さな子供が、泣きながら手足をばたつかせるのだ。また、性暴力の体験から、いかにも性的逸脱を感じさせるような男性を見ると、たちまちインナー・チャイルドが反応する。一瞬、恐怖で身動きがとれなくなり、そのあと慌てて逃げ出すのだ。

今でもそうした反応は残っているが、癒しのワークをする前はひどかった。インナー・チャイルドがいっぱいいて、いろいろなことに反応するのだ。それは頭の管轄を離れたところで起こるので、自分でもうろたえ、動揺してしまう。理性では冷静になろうとするのに、心が勝手に反応してしまうのだ。自分をコントロールするのに苦労するほどだった。

傷ついた小さな子供は癒してあげなくてはならない。インナー・チャイルドの癒しにはイメージ療法が使われる。目を閉じ、心のなかに傷ついた小さな自分の姿を思い浮かべるのだ。泣いているかもしれないし、怒っているかもしれない。怯えているかもしれないし、助けを求めているかもしれない。たった一人で途方に暮れているかもしれない。

現在の大人の自分は、ゆっくりとその子に近づいてゆき、そっと抱きしめてあげるのだ。あるいは自分がそのときにしてほしかったことをしてあげる。話を聞いてあげること、守ってあげること、あなたは悪くないといってあげること、きちんと反論することなど、そのときの自分が一番望んでいたことを思い起こす。そして、それをしてあげるのだ。

インナー・チャイルドを抱きしめたとき、ひとつの傷は癒される。一度で完治することは無理でも、流れる血は止めることができるかもしれない。繰り返し、繰り返し、その癒しのイメージを行なえば、心の傷はやがて塞がってゆくだろう。

もしも、具体的な子供の姿がイメージできないとしても、ちゃんと効果を得ることはできる。人によっては映像が浮かびにくいかもしれないが、これも慣れると徐々に見えるようになることもある。映像が浮かばなくても、そのプロセスを繰り返し思えば、大人の自分がさしのべる手は、ちゃんとインナー・チャイルドに届くはずだ。少しずつ、子供の傷は癒されてゆくことを信じる。

こうした癒しの行為は、自分の力で行なうものだ。回復は、奇跡のように誰かが突然、もたらしてくれるものではない。薬を服んで得られるものでもない。自分でその過程を進むしか、方法はないのだ。

もちろん、精神科医やセラピストを訪ねれば、回復の方法を教えてくれるし、手助けもしてくれる。セミナーやワークショップ、自助グループもおおいに役立つ。けれども、基本は回復したいと思うこと、そしてできると信じてみることだ。自分でやるからこそ、本当の力を取り戻すことができるのである。

回復したとき、すべての心の傷は勲章になる

回復することは、自分が自分に対して行なう仕事のようなものだ。

アダルト・チルドレンの抱える問題は、親や環境によって一方的に与えられた

ものだ。そこには本人の責任はない。本人の力が及ばなかったことなのだから、不可抗力だ。しかし、回復するかどうかは本人の責任によるものだ。それは、人生をどう生きるかということでもある。どうしようもなく変えられないものも世の中には多いが、変えることができるものもいっぱいある

アルコール依存症の人々の自助グループに「ＡＡ」と呼ばれる組織がある。そこでは、つぎのような〝平安の祈り〟と呼ばれる言葉が繰り返される。

神様、私にお与えください
自分に変えられないものを受け入れる落ち着きを
変えられるものは変えてゆく勇気を
そしてその二つを見分ける賢さを

この言葉を読んだとき、はっとするものを感じ、私は心に刻みこんだ。それ以来、ふと胸のなかにこの言葉が浮かび上がることがある。すぐにではなくともいい、けれど、変えられるものは変えていこう、と思うこともある。まだまだ問題

も欠点も山積みだからだ。まあ、できることからゆっくりとやろう。

人にはそれぞれのペースがある。早ければいいというものではない。人にはまた、それぞれの時期というものがある。回復した人が、回復していない人よりも偉いというわけでもない。

だが、回復は勲章だ。トラウマのなかで生き延びた、それだけでも十分勲章に値するが、さらにそこから回復したことは、賞賛に値する仕事といっていいだろう。それまでの傷や嘆き、数々の問題などのすべてが、回復とともに自分の財産になるのだ。悲しみは優しさに、怒りは寛容に、寂しさは暖かさへと変わる。マイナスだと思っていた自分の経験が、実りとなり、豊かな収穫として自分を満たす。

どのような経験も、それを活かせば心の財産に変わる。経験したという事実は変えられないが、それをどう活かすかは自分しだいだ。投げられた石は茶色だったとしても、磨けば輝く宝石になる。アダルト・チルドレンは原石の宝庫であり、豊かになる可能性を豊富にもった人々である。自分がアダルト・チャイルドであると認めることは、その可能性を手に入れたことになるのだ。

おわりに

自分の人生や現在を語ってくれた一人ひとりの話を、もっと詳しくきちんと書けば、おそらくそのひとつの物語だけで一冊になってしまうだろう。もしかすると、何冊もの本になってしまうかもしれない。アダルト・チルドレン当事者の過去と現在は、とても簡単に語りつくせるものではない。

本書で紹介させていただいた人々の話は、だから現実のほんの何分かの一にすぎない。また、プライバシーを守るため、細部には変更を加えてあるし、脚色をしてすらも書けない事実もあった。

もちろん、語られた内容が現実のすべてであるはずもない。自分自身の立場を含めて、起きた事実のすべてを語ることは、人にはできない。本よりも映像よりも、現実はもっともっと計り知れないほどに、奥が深く、また豊かなものだと、このたびの取材であらためて痛感した。

言葉が足りず、理解が足りず、また、認識が足りずに、皆さんのお話をきちんと伝えることができていないという反省が深くある。そして、なによりも筆者自身の人間的未熟さのゆえに、大きな偏りにも陥っていると思う。それには深くお詫びをしたい。

また、心理学や精神医学の解釈においても、誤りや間違いがあるかもしれない。それはひとえに私の不勉強のゆえであり、すべての責任は筆者個人にあることを明記したい。本来ならば、専門家ではなく、ただの文章書きである私が分析などを加えるのは不遜《ふそん》なことであるとも思うが、情報の一端として、どうしても伝えたいという欲求も抑えがたかった。誤りなどがあったら、ご指摘いただけることを切に願う。

心の世界は難しい。「アダルト・チルドレン」という言葉と居場所に救われた人が、いったい何人いるのだろうか。数字を出すことは不可能だろうが、おそらく万の単位を超えるだろう。そして、まだまだこれからも増えつづけると思う。

話を聞いてみると明らかにアダルト・チャイルドであるのに、本人はその自覚をまったくもっていない、という人も多い。心の抑圧が強く、現在や過去、原因に目が向かないのかもしれない。自分でもわからないうちに、心のブレーキが働いてしまっているのだろう。そのまま、ただ、わけのわからない不安やイラダチをもちつづけている人もいる。

そうした人々のなかから、自分がアダルト・チルドレンであることに気がつく人がこれらからも出てくるのではないかと思う。

アダルト・チルドレンが偉いというわけではないし、気づいた人が優れているというつもりもない。アダルト・チルドレンはただ、存在の在り様であるだけだ。しかし、それが癒しのきっかけになれば、その人にとって価値あることになる。

取材中に感じたことだが、トラウマのなかには出身地域や民族上の問題などを含むケースがあった。「家庭」という今回のテーマから離れてしまうため、それらを紹介することはできなかったが、問題の根底には共通するものがある。それは、〝本人の責任ではないことから受ける苦しみ〟だ。社会的差別と家庭内のトラウマは、まったく別のもののように見えるが、その一点で相通ずる。心の受ける傷も、その後におよぼす影響も似ているような印象を受けた。

家庭を原因とする人のために「アダルト・チルドレン」という言葉が生まれたように、社会差別を原因とする人のために、何か特定の言葉（居場所）が専門家によって作られることを願ってやまない。

一アダルト・チャイルドとして、そして一人のサバイバーとして、本書を記す機会に恵まれたことをとてもありがたく思っています。

お力をお貸しくださった方々、お話を聞かせてくださった皆さん、そして、お読みくださった方に心からの感謝を捧げます。

文庫版おわりに

母の死、されど――

二十代のころに私は思った。
――母親が死んだら、棺《ひつぎ》を蹴飛ばしてしまうんじゃないか。
それは身体の深奥でうごめく衝動であり、怖れだった。

本書を単行本として出版したとき、私は三十代で、母親は健在だった。すでに家を出て、物理的にも心情的にも母とは距離を置いていたが、それでもまだ、その衝動と怖れは残っていた。普段は意識もしないものの、（黒い）腹の底に、赤黒いマグマのように息づき、トラウマが甦ったときなどに炎を吹き出すことがあった。

その後、月日が流れた。

そして、母は五年前に死んだ。

結論からいえば、その衝動は実行しないですんだ。棺を蹴ることなく、かといって泣くこともなく、淡々と葬儀を終えた。

年代とともに、気持ちは変わる。

子供から思春期にかけては、母親への愛着と反発が葛藤を生み、精神的には一番つらかった。だが、二十代を過ぎて自立していくと、愛着も消えていく。すると、蓋が外れたように、嫌悪や憎悪というネガティヴな感情がクリアになっていく。それが、怒りとなり、棺を蹴るのではないか、というほどの情動になったのだ。

しかしそうした感情も、三十代も後半になると、だんだんと薄らいでいった。

なぜか？　それには自分の気持ちをストレートに受け止めたことが大きいと思う。

私は湧き上がる黒い感情を、決して否定しなかった。「そんなことを思ってはいけない」などと抑えこんでしまえば、思いの行き場がなくなってしまうからだ。

抑えずに、ネガティヴな思いを表に出せば、そこから宙《ちゅう》へと蒸発していく。

それにもうひとつ、距離を置く、という方法を学んだことも大きいだろう。

合わない人とは、関わらないのが一番いい。親子だけでなく人間関係の基本だと考えている。避けるもよし、逃げるもよし、とにかく離れることだ。

さらにそこに至るには、もうひとつの学びがあったことを付け加えなくてはいけない。

相手に期待してはいけない、ということだ。

人はこちらの思うとおりにはならない。こちらが望むようになど、変わってはくれないのだ。

あなたはあなた、私は私……人は本来、決して交わることのない川のようなものだ。しかし、親は自分の流れのなかで、子を育てようとする。そして、流れに捕らわれた子供は自由をそがれて苦しむ。

親の流れに合わせる必要はない。同じ流れから抜け出て、別の流れを進みはじめれば、その息苦しさからも解放されるのだ。

しかし、だからといって問題がなくなるというわけではない。流れに呑みこまれ、もがいていたときの影響は、簡単には消えないからだ。トラウマは残る。物語では、母と子の涙を流しながらの許しや和解がよく語られるが、現実はそう甘くはない。

私は子供のころに夢見ていたことがある。いつか、母親が己を悔いて「ごめんね」と謝ってくれる光景だ。そうなれば私の怒りも溶けるだろう、と。

しかし、そんなことは最後まで起きなかった。頑固で強気な母親は、最後まで謝ったりなどしなかった。こちらが気持ちを伝えたこともあったが、それを受け止めようとはしなかった。なぜ、文句をいわれるのかわからない……そんな表情だったことを思い出す。悪いと思っていないのだから、謝ることなど思いつきもしなかったことだろう。

そして、母親はそのまま認知症になって、自我を失っていった。

少し、時間を遡る。

思春期のころ、私は母親を見ていて思った。この人は将来、きっと寝たきりになるにちがいない、と。

他人《ひと》に謝ることができない性格だ。他人の世話をするのは好きだが、自分が世話になるのは大嫌い。常に自分が優位に立っていたいから、他人に頭を下げるような状況にはなりたくない。そういう人だった。

そのツケが将来、必ず来る、と私は感じていた。避けつづけ、拒否したものだからこそ、いつか向き合わざるをえなくなる。人生とはそういうものだ、と私は漠然と考えていた。

そして、その予感は的中した。母は八十歳のころにアルツハイマー症になったのだ。祖母もそうであったため、遺伝だろうし、きっとなる、と私は覚悟をしていた（私もそうなる半分の確率を持っているわけだが）。

さらに、大腿骨骨折で入院をしたことから、その症状は一気に加速した。これも予想していたことだった。もちろん、望んでいたわけではない。だが、覚悟はしていた。起こってほしくないことほど起きる。これも人生だからだ。

こうなると要介護になる。

どうするか？

私はもうずっと以前から、そうなったときの対処を決めていた。そして、そのとおり、施設に入所させた。

私は二十代からずっとひとり暮らしをしている。今更、同居などしたくない。いや、通いでも介護など無理だ。下手をすれば、ストレスで病気になるのは必至だ。下手をすれば、母親の首を絞めてしまうかもしれない。

そう、距離を置いてもなお、許しも和解も生じてはいなかったのだ。間合いをとっていたから、なんとかつきあえたにすぎない。

「こんな所に入るのはいや」

と、母はいった。

「家を改築するあいだだけだから」

と、私は大嘘をついた。

なんというひどい人間か、とこれを読んであきれかえっている方もいると思う。けれど、私は恥じていない。これが私の限界だからだ。もっとも、その限界は自分で決めたものにしかすぎないのだけれど。

私は自分勝手でわがまま、我が強くて独善的、支配的……。振り返ってみれば、母親と同じ人間になっていたのだ。

ああ、やれやれ、とこれは今も日々、思う。自己嫌悪を感じるし反省もするが、なかなか直らない。この頑迷さもそっくりだ……いやはや。

寝たきりになって、言葉も失って、母親は逝った。

死んでしまえば、こちらの気持ちも変わるのだろうか？　それは、さすがに予測ができていなかった。だから、その現実のあとにわかった。

変わりはしない。

追慕の情が湧くわけでもなく、ありがとうもごめんなさいも出てこない。理性でいってみるが、心が伴っていないことに気づいてやめた。

おそらく、母親も変わっていないはずだ。

私は魂の存在を信じているし、死後には魂のいく世界があると思っている。死んでも終わりではない。だから若いころには、母がせめて死んだあとに、夢に出てきて謝ってくれることを願っていた。が、そんな思いも、母の晩年にはすでに消えていた。

人の本質は簡単には変わらない。

たとえ魂だけになったとしても、性格が変わることはないだろう。その人はその人であり続けるに違いない。

そして、それでいいのだ。その人はそれでよし、私もそれでよし。ただ、相性が悪かっただけのことにすぎない。

相性の悪い母との葛藤。

それが私の、この人生における課題だったのだろう。

そこから多くのことを学んだのは確かだ。

私は干渉や束縛を忌避して、自由を選んだ。家族を持ちたいと思わなかったのは、母との関係が一因になっているはずだ。

ひとり暮らしであるから、孤独死は必至。ないないづくしだから、のたれ死にするかもしれない。けれど、私はこの人生を後悔していない。自分で選択した道だからだ。

家族は、ある人にとっては最大の味方だろう。しかし、ある人にとっては人生最初の敵になる。場合によっては、最強の敵になるかもしれない。

しかし、敵との闘いは力をつけてくれる。

多くの学びや成長をくれる。
家族という〈困難〉は、そのための苗床《なえどこ》なのだと感じている。

秋月菜央

【参考文献】

『子供の愛しかたがわからない親たち』……斎藤学著(講談社)
『「家族」という名の孤独』……斎藤学著(講談社)
『アダルト・チルドレンと家族』……斎藤学著(学陽書房)
『生きるのが怖い少女たち』……斎藤学著(光文社)
『家族依存症』……斎藤学著(新潮文庫)
『アルコール依存症に関する12章』……斎藤学著(有斐閣新書)
『あかるく拒食ゲンキに過食』……伊藤比呂美/斎藤学著(平凡社)
『「アダルト・チルドレン」完全理解』……信田さよ子(三五館)
『アダルト・チルドレン』……西山明著(三五館)
『私は親のようにならない』
……クラウディア・ブラック著/斎藤学訳(誠信書房)
『アダルトチャイルド物語』……大越崇著(星和書店)
『リカバリー』……ハーバート・L・グラヴィッツ/
ジュリー・D・ボーデン著/大越崇著(星和書店)
『アダルトチルドレン・マザー』……橘由子著(学陽書房)
『わが娘を愛せなかった大統領へ』
……パティ・デイビス著/玉置悟訳(KKベストセラーズ)
『嗜癖する社会』……A・W・シェフ著/斎藤学訳(誠信書房)
『薬物依存』……近藤恒夫著(大海社)
『買い物しすぎる女たち』
……キャロリン・ウェッソン著/斎藤学訳(講談社)
『食べすぎてしまう女たち』
……ジェニーン・ロス著/斎藤学訳(講談社)
『トラウマ』
……ディビット・マス著/大野裕監訳・村山寿美子訳(講談社)
『アルコールシンドローム』……増刊(アルコール問題全国市民協会)

秋月菜央（あきづき・なお）

東京都生まれ。小学校低学年で一時不登校になる。中学生の頃に集団になじめない変わり者であることを自覚し、文筆家になることを決意する。
いくつかの職業を経て出版社勤務。のちにフリーライターとして独立。『feel blue』（経済界）など著書多数。氷月葵の筆名で『公事宿裏始末』等の時代小説を二見書房より刊行している。

本書は、1997年5月に小社より刊行された単行本をもとに、加筆・修正したものです。

二見レインボー文庫

アダルト・チルドレン 生《い》きづらさを抱《かか》えたあなたへ

著者　秋月《あきづき》菜《な》央《お》

発行所　株式会社 二見書房
東京都千代田区三崎町2-18-11
電話 03(3515)2311［営業］
03(3515)2313［編集］
振替 00170-4-2639

印刷　株式会社 堀内印刷所
製本　株式会社 村上製本所

落丁・乱丁本はお取り替えいたします。
定価は、カバーに表示してあります。

ISBN978-4-576-16013-9
http://www.futami.co.jp/

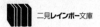